SURGA DAN NERAKA
Pesan Pengharapan dan Peringatan bagi Orang Percaya

SURGA DAN NERAKA

Pesan Pengharapan dan Peringatan bagi Orang Percaya

David Pawson

ANCHOR

Hak cipta © 2024 David Pawson Ministry CIO

Hak cipta David Pawson sebagai penulis karya ini telah ditegaskan olehnya sesuai dengan Copyright, Designs and Patents Act 1988.

Diterbitkan pertama kali di Inggris pada tahun 2024 oleh Anchor, yang merupakan nama dagang dari David Pawson Publishing Ltd, Synegis House, 21 Crockhamwell Road, Woodley, Reading RG5 3LE.

Bagian apa pun dari penerbitan ini tidak boleh diproduksi ulang atau disebarkan dalam bentuk apa pun atau dengan cara apa pun, baik secara elektronik atau dengan mesin, termasuk fotokopi, rekaman atau penyimpanan informasi dan sistem penyalinan apa saja, tanpa izin sebelumnya secara tertulis dari penerbit.

UNTUK MENGUNDUH MATERI GRATIS:
www.davidpawson.org

Untuk mendapatkan informasi lebih lanjut, kirimkan *email* ke: info@davidpawsonministry.com

ISBN 978-1-917360-01-2

Dicetak oleh Ingram Spark

Daftar Isi

1. KEDATANGAN KRISTUS KEMBALI (BAGIAN 1) — 9
2. KEDATANGAN KRISTUS KEMBALI (BAGIAN 2) — 31
3. KEDATANGAN KRISTUS KEMBALI (BAGIAN 3) — 51
4. NERAKA SEBAGAI PENGHUKUMAN (BAGIAN 1) — 73
5. NERAKA SEBAGAI PENGHUKUMAN (BAGIAN 2) — 93
6. SURGA SEBAGAI UPAH — 113

Buku ini disusun berdasarkan materi khotbah berseri. Karena materi aslinya berasal dari bahasa lisan, pembaca akan merasakan gaya yang berbeda dari gaya tulisan saya biasanya. Semoga hal ini tidak mengurangi isi dari pengajaran Alkitab yang terdapat di buku ini.

Sebagaimana biasanya, saya meminta pembaca untuk membandingkan segala sesuatu yang saya katakan atau tuliskan dengan apa yang tertulis dalam Alkitab, dan jika menemukan hal yang bertentangan, untuk selalu mengandalkan pengajaran yang jelas dari Alkitab.

David Pawson, 1930 - 2020

Bab 1

KEDATANGAN KRISTUS KEMBALI
(BAGIAN 1)

Banyak di antara kita yang bersikap mendua terhadap masa depan. Kita punya semacam campuran antara ketakjuban dan ketakutan. Kita ingin tahu apa yang akan terjadi, tetapi juga tidak begitu yakin bahwa kita sungguh ingin tahu. Bayangkan saja jika saya memiliki karunia pengetahuan yang unik, perkataan pengetahuan, dan saya dapat memberi tahu Anda tanggal kematian Anda. Apakah Anda sungguh ingin tahu? Mungkin, tanggal itu akan tiba lima puluh tahun lagi; apakah Anda ingin tahu? Sebagian orang, seperti saya, misalnya, tidak akan percaya bahwa tanggal kematian akan tiba lima puluh tahun lagi. Namun, perhatikan bahwa kita memang punya rasa ingin tahu yang aneh: kita ingin tahu apa yang akan terjadi, sekaligus takut untuk mengetahuinya. Kita tidak ingin merayakan hari kematian kita bersama-sama dengan hari ulang tahun kita setiap tahunnya.

Apakah Anda mau merayakan keduanya sekaligus seperti itu, atau Anda lebih memilih untuk tidak tahu apa-apa? Inginkah Anda tahu kapan dunia akan mengalami kiamat? Sebenarnya, para ilmuwan sedang memberi tahu kepada kita suatu tanggal yang mereka yakini sebagai akhir dari dunia yang kita kenal ini; tetapi mereka bisa saja salah. Nah, anehnya, kita memang bersikap mendua tentang masa depan. Ada tiga cara yang biasanya dipakai orang untuk berusaha mengetahui masa depan. Yang pertama yang saya ingin sebutkan adalah ramalan, nujum, atau horoskop, yang bersifat takhayul, Enam dari sepuluh pria dan tujuh dari sepuluh wanita membaca ramalan horoskop setiap hari di Inggris. Itulah sebabnya majalah-majalah dan surat-surat kabar

SURGA DAN NERAKA

tetap mempertahankan segmen perbintangan. Saya sendiri dengan senang hati dapat mengakui kepada Anda bahwa saya tidak tahu zodiak saya, dan saya tidak akan memberitahukan tanggal lahir saya pula karena saya tidak ingin Anda mencari tahu zodiak saya. Saya lebih suka tidak tahu sama sekali, sementara orang-orang berusaha mengetahui nasib mereka di masa depan dari bintang-bintang atau para peramal. Peramal tidak pernah berhasil memberikan prediksi yang tepat lebih dari lima persen; dan dengan kata lain, 95 persen dari seluruh prediksi mereka adalah salah. Lalu, mengapa pula orang mendatangi mereka dan membaca ramalan bintang?

Cara kedua yang dipakai orang untuk mencari tahu masa depan sedikit lebih akurat. Saya menyebutnya analisis ilmiah. Di banyak universitas kini ada pengajar-pengajar ilmu masa depan (futurologi). Mereka menganalisis berbagai tren masa sekarang untuk membuat kesimpulan tentang masa depan, dengan proses yang menghasilkan prediksi yang masuk akal dan seakurat mungkin dalam hal apa yang akan terjadi.

Massachusetts Institute of Technology (Institut Teknologi Massachusetts) di Amerika Serikat (AS) adalah salah satu dari lembaga-lembaga terkemuka yang memiliki program studi semacam itu. Sebagian periset di sana telah menyimpulkan tanggal akhir dunia, yaitu tahun 2050. Mereka menyatakan bahwa karena pertumbuhan populasi saat ini, dengan ketersediaan sumber daya energi serta sumber daya pangan di bumi, tahun 2050 merupakan titik persilangan yang jika dilewati tidak akan ada kehidupan yang mampu bertahan, kecuali jika kita dapat mengubah sebagian tren saat ini, yaitu membatasi pertumbuhan populasi atau menemukan sumber-sumber energi baru. Maka, jika benar dunia kiamat pada tahun 2050, waktu yang tersisa bagi kita hanya kurang dari 30 tahun saja – menurut para periset itu. Secara kebetulan, pakar-pakar di Guildford juga menyimpulkan tahun yang sama. Jadilah tahun 2050 dibahas secara terbuka di mana-mana. Analisis ilmiah terhadap masa depan memiliki

Kedatangan Kristus Kembali (Bagian 1)

tingkat akurasi sekitar 25 persen, atau di sisi sebaliknya yang negatif, tingkat kesalahan sekitar 75 persen.

Ada pula cara ketiga yang orang pakai untuk mengetahui masa depan, yang lebih akurat: pernyataan Alkitab. Anda dapat memilih sendiri antara takhayul, ilmu pengetahuan, atau Alkitab. Sayangnya, banyak orang tidak sadar bahwa Alkitab penuh dengan prediksi. Kira-kira setiap satu dari empat ayat dalam Alkitab berisi sebuah prediksi. Secara keseluruhan, ada sekitar 735 peristiwa berbeda yang telah diberitahukan sejak sebelum terjadi di dalam Alkitab. Lalu, seberapa akurat Alkitab sejauh ini? Mungkin ini kabar baru bagi Anda, tetapi 596 dari seluruh prediksi itu telah terjadi tepat seperti yang tertulis. Artinya, akurasinya lebih dari 80 persen.

Angka itu bukan berarti hanya 80 persen dari prediksi Alkitab yang akurat, karena kebanyakan dari sisanya adalah tentang akhir dunia, maka memang belum terjadi saat ini. Bahkan sebenarnya, hanya ada kurang dari 20 yang akan terjadi sebelum kedatangan Yesus kembali ke bumi ini. Maka sejauh ini, Alkitab terbukti akurat 100 persen dalam prediksi-prediksinya. Lalu, mengapa orang memilih takhayul dan ilmu pengetahuan, padahal mereka bisa membaca tentang masa depan di dalam Alkitab? Bukankah jika kita tahu ada buku yang sudah terbukti akurat 80 persen dalam prediksi-prediksinya, sangat mungkin pula 20 persen sisanya juga akan terbukti akurat, terutama tentang peristiwa-peristiwa pada akhir zaman, yang berkaitan dengan akhir dunia?

Dari semua peristiwa dalam 735 prediksi itu, ada salah satunya yang muncul 318 kali dalam Alkitab. Itulah prediksi yang paling sering disebut-sebut, yaitu bahwa Yesus Kristus, yang hidup di bumi sekitar 2.000 tahun yang lalu, akan datang kembali ke bumi. Yang kita bahas ini adalah peristiwa yang paling banyak diprediksi di dalam Alkitab, yang mutlak pasti akan terjadi. Nah, ada banyak hal yang bisa kita bahas tentangnya, tetapi kita akan mengajukan beberapa pertanyaan sederhana lebih dahulu. Pertama-tama, *di mana* tepatnya Dia akan datang kembali?

SURGA DAN NERAKA

Kedua, *bagaimana* cara-Nya datang kembali kelak? Ketiga, *kapan* Dia akan datang kembali? Keempat, dan ini jauh lebih penting, *mengapa* Dia akan datang kembali? Banyak sekali orang Kristen percaya bahwa Yesus akan datang kembali, tetapi tidak pernah memikirkan mengapa Dia perlu datang kembali. Memangnya Yesus belum menyelesaikan segala urusan-Nya saat pertama kali datang ke dunia ini? Mengapa Dia ingin datang kembali? Lalu, ada pertanyaan yang paling praktis di antara semuanya: *apa dampak kedatangan-Nya kembali itu bagi kita?* Sekarang, sebagai pemanasan, saya akan bertanya satu hal kepada Anda. Misalnya, Yesus tidak akan datang kembali ke dunia ini sama sekali. Misalnya, Dia tetap tinggal di surga dan kita akan naik untuk bergabung dengan-Nya kelak saat kita mati, lalu tinggal bersama-Nya di sana selamanya, dan setelah itu akan ada langit dan bumi yang baru yang diciptakan... misalnya, Dia tidak akan datang kembali ke dunia ini tetapi kitalah yang akan mendatangi-Nya di surga untuk tinggal bersama-Nya di sana; apakah ada perbedaannya dalam hal dampaknya terhadap cara hidup kita besok?

Cobalah renungkan baik-baik. Pertanyaan itu patut kita tanyakan kepada diri sendiri. Mari kita lihat kembali satu per satu pertanyaan sebelumnya. Di mana tepatnya Yesus akan datang kembali? Saya ingin mengatakannya sejak awal pembahasan, bahwa saat Yesus datang kembali kelak, Dia tidak akan muncul di Inggris, atau di AS, atau di Rusia. Dia tidak akan muncul di ibu kota besar mana pun di dunia. Dia tidak akan muncul di kota pusat agama mana pun di dunia. Dia tidak akan muncul di Roma. Dia tidak akan muncul di Jenewa atau Canterbury, atau New York atau Beijing. Lalu, *di mana* tepatnya Dia akan datang kembali? Jawabannya cukup jelas di dalam Alkitab. Yesus akan datang kembali di kota-Nya sendiri, yang disebut-Nya "kota Raja Besar", yaitu Yerusalem. Di kota itulah kita harus berada jika kita ingin berjumpa dengan Dia. Itulah kota tempat-Nya pergi meninggalkan dunia dahulu dan itulah kota tempat-Nya datang kembali kelak.

Kedatangan Kristus Kembali (Bagian 1)

Sebagian orang berpikir asal saja bahwa Yesus akan datang kembali di mana-mana. Saya tidak yakin bahwa mereka itu pernah berpikir bagaimana caranya hal itu dapat terjadi, apalagi Yesus akan datang kembali dalam wujud tubuh, dan tubuh tentu terikat dengan suatu lokasi tertentu karena tubuh tidak mungkin hadir di lebih dari satu lokasi pada waktu yang bersamaan. Yesus akan datang kembali dalam wujud tubuh-Nya. Salah satu tradisi berkata bahwa tubuh Yesus itu tingginya 5 kaki 10 inci (sekitar hampir 180 cm). Saya tidak tahu apakah ukuran itu akurat, tetapi saya menyebutkannya agar Anda sadar bahwa unsur jasmani itu sungguh nyata. Yesus akan datang kembali dalam wujud tubuh-Nya sebagai orang Yahudi. Maka, Dia tentu akan datang kembali di salah satu lokasi dan tidak mungkin di segala tempat di mana-mana sekaligus, sehingga kita perlu pergi ke lokasi itu untuk berjumpa dengan-Nya. Dan, memang benar kita akan pergi ke sana. Akan saya bahas lagi selanjutnya, bahwa Anda akan terbang gratis, pergi ke Tanah Suci, karena Yesus akan datang kembali ke sebuah lokasi yang spesifik dalam wujud tubuh-Nya, dan kita akan berjumpa dengan Dia di lokasi itu. Yerusalemlah lokasi itu. Itulah tempat segala sesuatunya terjadi, yaitu hal-hal yang telah memungkinkan kita menjadi orang Kristen.

Mari kita melanjutkan ke pertanyaan kedua: bagaimana cara Yesus akan datang kembali kelak? Pada titik ini saya pertama-tama ingin menunjukkan perbedaan yang kontras dengan kedatangan-Nya yang pertama. Saat Yesus pertama kali datang, hampir tidak ada orang yang tahu. Bahkan, selama sembilan bulan Yesus telah ada di dunia, hanya ada dua orang yang tahu. Saat Yesus dilahirkan, hanya segelintir gembala dan beberapa orang bijak dari Timur yang tahu. Bahkan, seluruh prosesnya berjalan hampir tanpa ada orang yang menyadarinya. Kedatangan Yesus yang pertama sama sekali tidak diberitakan secara luas. Tidak ada orang yang memperhatikan. Bahkan, tanda di langit akan kedatangan-Nya yang pertama hampir-hampir tidak disadari, kecuali oleh mereka yang memang sungguh-sungguh memperhatikan dan

SURGA DAN NERAKA

menyelidiki hal-hal itu. Tanda itu berupa titik cahaya kecil yang menunjuk pada lokasi kelahiran Yesus, tetapi kebanyakan orang tidak menyadari keberadaan cahaya bintang itu. Bahkan, pernah ada sebagian orang yang berusaha meyakinkan saya bahwa orang-orang Majus yang mengikuti arah bintang itu menunjukkan bahwa astrologi adalah alkitabiah, karena ada di dalam Alkitab. Saya harus berkata bahwa pendapat demikian amat sangat salah. Kepercayaan yang mendasar dalam astrologi adalah bahwa takdir seorang bayi dipengaruhi oleh posisi bintang saat kelahirannya. Namun, di Betlehem, posisi Bayi itulah yang memberi pengaruh pada bintang-bintang. Sungguh kebalikannya. Itu barulah titik cahaya kecil yang menandai kedatangan Yesus yang pertama kali. Lalu, kita juga tahu bahwa pada kedatangan kedua Yesus, seluruh langit akan bercahaya karena kilat dari Timur ke Barat, dan seluruh langit akan berkobar dan setiap orang akan tahu bahwa ada sesuatu yang unik dan besar yang terjadi. Padahal, kedatangan-Nya yang pertama kali sangat sunyi, tidak disadari, sederhana; berbeda total dengan kedatangan-Nya yang kedua kali. Nah, saya ingin memberikan sedikit pelajaran bahasa Yunani kepada Anda. Ada tiga kata dalam bahasa Yunani yang digunakan dalam Perjanjian Baru tentang kedatangan Yesus yang kedua kali, yang tidak digunakan tentang kedatangan-Nya yang pertama kali; dan ketiga-tiganya amat sangat penting.

Yang pertama, kata *parousia*, yang berarti kedatangan yang penting. Kata itu digunakan di dunia kuno untuk merujuk pada kedatangan tokoh kerajaan, biasanya raja atau ratu, yang berkunjung. Demikian pula, kata itu merujuk pada kedatangan pasukan yang menyerbu. Contohnya, tibanya hari-H disebut dengan kata *parousia* karena sesuatu akan segera terjadi dan mengubah seluruh situasi yang ada. Itulah kata yang pertama. Artinya, kedatangan yang sangat penting.

Kata bahasa Yunani kedua yang saya akan beri tahukan adalah *epiphania*, yang berarti bukan datang, melainkan muncul. Di Inggris, pernahkah Anda saat berada di gedung Pall Mall,

Kedatangan Kristus Kembali (Bagian 1)

yang berdiri menjulang di sekeliling monumen Victoria, pada saat ada acara peringatan nasional, lalu memandang ke atas ke balkon Istana Buckingham di lantai satu, kemudian keluarga kerajaan Inggris menampakkan diri di balkon itu? Itulah momen yang dinanti-nantikan oleh setiap orang. Akan ada seruan penuh semangat dari orang banyak yang berkerumun menanti. Itulah arti kata yang kedua. Muncul menampakkan diri di "balkon" di hadapan orang banyak, agar setiap orang dapat melihat. Yesus tidak melakukan hal itu pada kedatangan-Nya yang pertama kali.

Kata yang ketiga adalah *apokalupsis*, yang berarti disingkapkan. Bukan berarti jadi telanjang, melainkan tampak dalam penampilan yang sebagaimana adanya. Maka, kita tidak akan melihat bayi yang berbaring dalam palungan pada saat kedatangan Yesus yang kedua kali. Dia akan tampil sebagaimana adanya dia, yaitu Sang Putra Tuhan, dalam seluruh kemuliaan-Nya. Jika Anda pernah melihat sang Ratu (Inggris) tiba untuk pembukaan Parlemen, Anda akan menyadari bahwa beliau mengenakan mahkota dan perhiasan resmi, lalu duduk dengan penampilan mulianya di takhta. Beliau tampil sebagai Ratu Kerajaan Inggris, dan demikian pula Yesus akan datang kembali sebagaimana adanya dalam kemuliaan-Nya. Dia akan tampil tak berselubung dan manusia akan melihat kemuliaan-Nya. Saat kedatangan-Nya yang pertama kali, kemuliaan itu masih berselubung (dan lukisan-lukisan yang menggambarkan sosok Yesus dengan lingkaran cahaya suci di kepala sebenarnya bukan gambaran yang tepat). Yesus tidak mondar-mandir dengan lingkaran cahaya kemuliaan itu di kepala-Nya.

Kalau benar demikian, tentu orang-orang akan bertanya macam-macam kepada-Nya; namun, justru Dia tidak memiliki keelokan fisik sama sekali yang membuat orang-orang berminat kepada-Nya. Bagi kebanyakan orang, Yesus saat itu hanyalah seorang tukang kayu dari Nazaret. Kemuliaan-Nya masih tersembunyi saat itu, tetapi kelak pada kedatangan-Nya yang kedua kali, kemuliaan itu akan tampak jelas seluruhnya. Setiap orang akan melihatnya. Maka, ada perbedaan yang amat kontras di antara kedatangan Yesus yang pertama kali dengan yang kedua kali. Sebaliknya, tidak ada perbedaan yang kontras di antara kepergian Yesus yang pertama kali dengan kedatangan-Nya yang kedua kali. Apakah Anda mulai bingung? Izinkan saya menjelaskan maksudnya. Andaikan saja Anda berada di Bukit Zaitun membawa kamera video tepat pada hari Yesus naik ke surga untuk kembali bersama dengan Bapa-Nya. Misalnya, Anda berhasil merekam video Yesus terangkat naik sampai menghilang di balik awan-awan, lalu Anda memiliki rekaman video itu dan dapat memutarnya kembali; adegan itulah tepatnya yang akan terjadi pada kedatangan-Nya kembali kelak, karena saat kenaikan-Nya itu para malaikat berkata kepada orang-orang yang menatap ke atas ke langit, "Mengapa kamu sekalian menatap ke langit? Dia akan datang kembali tepat seperti kamu telah melihatnya pergi." Nah, kedatangan Yesus kembali sangat kontras berbeda dengan kedatangan-Nya yang pertama, tetapi sekaligus sama persis seperti kepergian-Nya yang pertama itu; hanya saja, kejadiannya kelak terbalik, dan Dia akan muncul keluar dari balik awan-awan. Omong-omong, itu berarti kelak akan terjadi tiupan angin dari barat. Saya dapat menyatakan hal itu karena di Israel awan hanya terbentuk jika ada angin bertiup dari arah barat. Jika angin bertiup dari arah lain mana pun, itu berarti angin datang dari padang gurun maka angin itu kering dan panas. Jika angin bertiup dari arah Laut Mediterania (barat), angin itu membawa kelembapan dan akan terlihat gumpalan kecil awan seukuran tangan orang dewasa saja, yang lalu makin membesar sampai akhirnya turun hujan. Maka, kita tahu bahwa angin akan bertiup dari barat. Sekali lagi, maksud saya menyebutkan hal itu adalah agar Anda menyadari bahwa kita sedang membahas suatu realitas yang nyata, bukan gambar seni mozaik kaca warna-warni atau dongeng dari masa lalu belaka. Kita sedang membahas sesuatu yang akan benar-benar terjadi di dunia yang kita huni ini, yaitu angin akan bertiup dari arah barat dan awan kumulus

Kedatangan Kristus Kembali (Bagian 1)

akan terbentuk. Bukankah kita suka terbang di atas awan-awan? Memandang ke bawah ke arah awan-awan yang bermandikan cahaya matahari adalah gambaran fisik yang paling menyerupai *shekinah*, yaitu kemuliaan Tuhan. Kita selalu menemukan awan sebagai gambaran yang terkait dengan kemuliaan Tuhan, dan saya yakin awan kumulus adalah yang paling menyerupai kemuliaan itu, dengan cara awan itu bergerumbul naik seperti gunung dan terang cahaya matahari menyinarinya.

Demikianlah kedatangan-Nya kembali kelak. Saya telah menjelaskan apa yang Anda dapat lihat, tetapi Anda juga perlu tahu apa yang akan Anda dengar. Jika Anda tidak suka acara-acara yang berisik, lebih baik Anda tidak datang ke lokasi peristiwa kedatangan Yesus kembali. Peristiwa itu akan menjadi acara paling berisik yang pernah berlangsung, selain yang paling akbar. Kakek saya almarhum adalah seorang gembala gereja. Dia dikubur di Newcastle di daerah Tyne, dan di batu nisannya terukir tiga kata. Kata-kata itu bukanlah *"Rest in Peace"* (Beristirahat dalam Ketenangan) maupun ayat Alkitab. Kata-kata itu justru diambil dari sebuah buku lagu, yaitu dari sebuah lagu lawas gereja Metodis: "Pertemuan yang menakjubkan!" Saya rasa orang-orang akan berhenti sejenak dan membaca ulang kata-kata pada batu nisan itu sambil bertanya-tanya pertemuan apakah yang dimaksud itu.

Orang Kristen biasanya sibuk dengan banyak jadwal pertemuan yang memadati buku agenda, tetapi pertemuan dengan Yesus kelak adalah pertemuan yang paling menakjubkan! Itulah pertemuan yang paling akbar, dan tidak ada stadion di bumi yang mampu menampungnya; itulah sebabnya kita akan mengadakannya di udara. Dari pertemuan itu, kita akan mendapatkan perjalanan terbang gratis ke Tanah Suci. Betapa gegap gempitanya pertemuan itu kelak! Para penghulu malaikat akan berseru sekuat tenaga, sangkakala-sangkakala akan ditiup keras-keras sampai membangkitkan orang mati, dan memang orang-orang mati itu akan bangkit. Selain itu, ada kebenaran

SURGA DAN NERAKA

indah yang patut kita ingat: tak usah khawatir soal mati lebih dulu sebelum pertemuan itu, karena jika kita mati sebelumnya, kita justru akan mendapatkan posisi terdepan. Itulah yang dikatakan oleh Alkitab. Paulus berkata kepada jemaat Tesalonika, "Jangan berdukacita tentang mereka yang telah meninggal. Kita justru tidak akan mendahului mereka. Mereka akan mendapat bagian terdepan." Mereka akan menjadi yang terdepan! Saat Yesus turun dari surga dengan diiringi bunyi sangkakala, orang-orang mati akan bangkit lebih dahulu, yang berarti mereka akan memasuki pertemuan dengan Yesus lebih awal, lalu barulah kita yang masih hidup mengikuti mereka untuk bertemu Yesus.

Itulah sebabnya, Paulus berkata, "Hiburkanlah seorang akan yang lain dengan perkataan ini." Meninggal lebih dahulu berarti mendapat posisi terdepan, maka yang mana pun yang terjadi, kita akan mengalami kemuliaan yang indah. Masih hidup berarti mendapat tubuh yang baru seketika itu juga, dan tidak perlu berurusan dengan pemakaman, maka itu pun posisi yang bagus sekali. Demikianlah Yesus akan menyatakan diri-Nya kembali kelak. Akan ada berjuta-juta orang yang bertemu dengan-Nya. Saat ini, ada 2,4 miliar orang yang mengaku percaya Yesus, maka pertemuan itu kelak akan amat sangat besar. Apalagi, semua malaikat pun akan hadir, dan jumlah mereka amat sangat banyak. Mereka semua akan ikut hadir dalam pertemuan itu. Saya tak mampu membayangkan nyanyiannya akan bagaimana. Lalu, kapan Yesus akan datang kembali? Di sinilah masalahnya. Orang Kristen sangat gemar menebak-nebak tanggalnya. Saya telah mencatat tanggal-tanggal yang pernah menjadi tebakan tokoh-tokoh Kristen terkemuka. Seorang tokoh bernama Miller berkata, itu tahun 1843. Sebenarnya, jika ingin menebak tanggal kedatangan Yesus kembali, saya lebih menyarankan agar kita menebak tanggal yang kita sendiri akan sudah lama meninggal, supaya kita tidak usah menghadapi cercaan orang jika tebakan kita itu salah. Menebak jauh di masa depan itu lebih bijaksana daripada menebak tanggal yang agak dekat. Namun, Miller berkata Yesus

Kedatangan Kristus Kembali (Bagian 1)

akan datang kembali pada tahun 1843, dan prediksinya itu muncul dari kalangan Advent Hari Ketujuh. Lalu, ada pula seorang tokoh yang bernama Russell, yang menebak tahun 1914. Dialah tokoh yang melahirkan gerakan Saksi Yehuwa. Sebelum Anda menganggap tebakan waktu kedatangan Yesus kembali hanya dilakukan oleh sekte-sekte aneh, saya perlu memberi tahu Anda bahwa Martin Luther sendiri pun memprediksi tahun 1636. Namun, tebakannya itu cukup "bijaksana", karena dia berkata pada tahun tersebut dia akan sudah meninggal. John Wesley pun cukup "bijaksana" dengan menebak tahun 1874. Kebanyakan orang Kristen memang suka mencocok-cocokkan tanggal dan waktu dengan berbagai skenario dan detail yang seolah-olah pas. Pada masa sekarang, ada pula banyak orang yang berkata, "Kitalah generasi terakhir yang hidup sebelum kedatangan Yesus kembali." Pernahkah Anda mendengar pendapat yang demikian? Banyak orang pernah bertanya kepada saya. "Apakah menurut Anda Yesus akan datang kembali pada masa hidup kita ini?" Setiap generasi memang berharap mengalami langsung kedatangan Yesus kembali, tetapi Yesus sendiri berkata, "Tentang hari atau waktu itu tak ada seorang pun yang tahu; bahkan Anak pun tidak tahu. Hanya Bapa yang tahu saatnya."

Nah, yang terbaik adalah waspada ketika mendengar pendapat yang berkata, "Saya tahu waktunya." Sebagai tambahan saja, saya berani berkata bahwa sepertinya saya tahu bulannya, meskipun saya tidak tahu tahunnya. Nanti saya akan membahas alasannya. Namun, jika Yesus saja tidak tahu waktunya, bagaimana mungkin kita bisa tahu? Memang, para murid Yesus bertanya kepada-Nya, "Yesus, tanda-tanda apa yang akan mendahului kedatangan-Mu kelak? Bagaimana kami tahu bahwa Engkau akan datang kembali segera?" Lalu, Yesus sungguh-sungguh menjelaskan tanda-tandanya kepada mereka. Ada ciri-ciri yang Dia sebutkan. Dia berkata, "Kamu harus berdoa dan berjaga-jaga." Berjaga-jaga terhadap apa? Tentu bukan berjaga-jaga terhadap peristiwa kedatangan-Nya itu, karena itu berarti kita harus berjalan-jalan berkeliling saja seharian setiap hari sambil memandang ke langit. Yang Yesus maksudkan untuk kita berjaga-jaga bukanlah peristiwa kedatangan-Nya kembali. Yesus berkata, "Berjaga-jagalah terhadap tanda-tanda kedatangan-Ku." Dia menyebut dengan jelas apa tanda-tanda itu. Bertahun-tahun lalu, saya suka memandangi kereta. Sebenarnya, sekarang pun saya masih menyukainya. Saat masih kecil, saya suka sekali kereta dan suka memandangi kereta yang lewat lalu mencatat nomornya. Ketika itu, kota tempat tinggal saya (Newcastle di daerah Tyne) dilewati jalur kereta London and Northeast Railway (LNER). Mungkin banyak orang tidak tahu bahwa tepat di luar stasiun pusat Newcastle ada persimpangan jalur kereta tang terbesar di seluruh dunia. Saya dulu suka pergi ke situ dan berdiri di ujung peron, memandangi persimpangan amat besar yang dilewati semua jalur kereta dari London dan wilayah Selatan dengan titik temu dengan semua jalur kereta dari Skotlandia dan wilayah Utara. Sampai sekarang, itulah lokasi terbaik untuk melihat kereta di seluruh Inggris. Sejak kecil, saya dan teman-teman belajar berjaga-jaga terhadap segala tanda bahwa kereta akan datang.

Ada empat tanda yang perlu diwaspadai. Ketika itu, sinyalnya bukan berupa bola lampu listrik. Sinyalnya adalah lengan yang besar yang bergerak turun naik. Anda masih ingat masa itu? Ada sinyal jarak, yang berwarna kuning dengan garis-garis hitam dan ujungnya berbentuk seperti garpu. Itulah sinyal jarak yang paling jauh. Lalu, ada juga sinyal gerbang luar stasiun, yang berwarna merah. Lalu, ada sinyal gerbang dalam stasiun, sampai akhirnya ada yang disebut sinyal mulai, yang di peron itu dan memberi tanda bahwa kereta boleh berangkat dari peron, dan dengan demikian juga berarti penggalan jalur berikutnya telah dibuka. Saya dan teman-teman biasa mengamati keempat sinyal itu. Sinyal jarak pertama berarti kereta mendekat pada jarak beberapa mil. Sinyal gerbang luar stasiun berarti kereta telah berada di penggalan jalur sebelumnya.

Kedatangan Kristus Kembali (Bagian 1)

Sinyal gerbang dalam stasiun membuat kami sangat bersemangat, karena kami tahu itu berarti kereta telah datang mendekat. Lalu saat ada sinyal mulai, kereta itu muncul. Sinyal-sinyal itu menandakan jauh-dekatnya jarak kedatangan kereta. Yesus pun menjelaskan kepada para pengikut-Nya bahwa ada empat tanda atau ciri sebelum kedatangan-Nya, dan semuanya itu sangat jelas. Dia berkata bahwa itulah tanda-tanda yang perlu mereka waspadai. Dia berkata bahwa tanda yang pertama akan kita lihat di dunia, di luar sana, maka kita perlu berjaga-jaga mengamati dunia untuk menemukan tanda pertama. Lalu, tanda yang kedua akan ada di dalam Gereja, maka kita perlu berjaga-jaga mengamati Gereja untuk menemukan tanda kedua. Tanda yang ketiga akan terjadi di wilayah Timur Tengah, maka kita perlu berjaga-jaga mengamati wilayah Timur Tengah untuk menemukan tanda ketiga. Kemudian, tanda keempat akan muncul di langit, dan kita akan melihatnya di langit.

Orang Kristen sering kebingungan tentang keempat tanda tersebut, tetapi saya telah menemukannya langsung dari perkataan Yesus. Prinsip saya adalah kita mulai dengan perkataan Yesus sendiri, lalu mencocokkan segala sesuatu yang lain di dalam Alkitab dengan perkataan Yesus itu. Yesus telah memberi kita kerangka yang sangat sederhana ini, dan kita bisa mencocokkan segala detail lainnya dengan kerangka itu. Tanda pertama ada di dunia luar, dan terdiri dari berbagai bencana. Yesus menyebut tiga bencana secara khusus: gempa bumi, perang, dan kelaparan. Dia berkata, "Kamu akan melihat lebih banyak lagi bencana-bencana itu."

Suatu ketika, saya sedang berada di Filipina, di kota Baguio. Saat itu saya belum mendengar informasi bahwa Filipina sebelumnya dilanda gempa bumi yang sangat dahsyat, tetapi saya berdiri dan menatap sisa-sisa reruntuhan bangunan Hyatt International Hotel, yang tampak amat mencengangkan. Bangunan itu berlantai lima belas, dan runtuh begitu saja oleh gempa tersebut. Petugas sedang menyemprotkan desinfektan

SURGA DAN NERAKA

dengan selang besar ke arah reruntuhan itu, karena di dalamnya ada jasad korban manusia yang tidak berhasil dikeluarkan. Semua wisatawan dari Amerika dan Jepang yang menginap pun terkubur di bawahnya, karena jalanan terbelah dan menelan segala sesuatu ke dalam celah yang menganga. Saya sendiri saat itu belum pernah mengalami langsung gempa bumi, maka saya tidak dapat membayangkan bagaimana pengalamannya.

Tentang kelaparan, ada banyak peristiwa bencana kelaparan yang terjadi, dan kejadiannya terus bertambah banyak. Tentang perang, saya awalnya tidak menyadari bahwa ada 200 konflik yang terjadi sejak Perang Dunia kedua, dan sebagian darinya masih berlangsung. Yesus berkata bahwa ketika kita mendengar tentang bencana-bencana itu, itulah tanda yang pertama.

Dia berkata, "Janganlah takut dan tawar hati," karena itu semua bukanlah akhirnya, melainkan awal mulanya. Itu semua bukanlah serangan yang datang sebelum kematian, melainkan rasa sakit sebelum melahirkan. Rasanya sakit, tetapi itu adalah karena kontraksi sebelum kelahiran dunia dan semesta yang baru. Pengertian ini memberikan persepsi yang berbeda sama sekali. Artinya bukan orang Kristen kebal atau tidak dapat merasakan pengalaman korban bencana, tetapi kita tidak kaget dan telah mengerti bahwa hal-hal itu pasti terjadi. Kita dapat berkata, "Saya tahu hal-hal yang akan terjadi." Perkataan yang demikian sangat bermanfaat jika kita sedang akan bersaksi. Jika ada orang yang berkata, "Saya tidak tahu dunia akan jadi seperti apa," katakan saja, "Saya tahu," lalu amati reaksinya. Itu akan merupakan perkataan yang bagus untuk membuka percakapan. Yesus mengajarkan bahwa tanda-tanda itu bagaikan kontraksi awal yang dirasakan seorang ibu hamil yang akan bersalin. Itu merupakan awal sesuatu, bukan akhir sesuatu.

Ada yang akan lahir dari rasa sakit dan penderitaan itu. Ada yang akan lahir dari rasa sakit bersalin seluruh semesta itu. Paulus pun membahas seluruh ciptaan yang mengerang dan mengeluh dalam rasa sakit. Coba saja dengar suara gempa

Kedatangan Kristus Kembali (Bagian 1)

bumi. Ada suara erangan. Ada suara gemuruh. Nah, gempa bumi adalah bencana alam. Perang adalah bencana hasil perbuatan manusia. Kelaparan merupakan gabungan keduanya. Yesus berkata itulah awal dari akhirnya. Namun, itu adalah awal yang diikuti oleh kelanjutannya, maka janganlah kita tawar hati. Yesus memperingatkan kita bahwa saat segala bencana itu memenuhi bumi, akan ada kesempatan unik bagi munculnya para mesias palsu atau kristus palsu. Akan ada banyak sekali tokoh-tokoh itu. Saya pernah membaca tentang seorang pria yang berkata dalam majalah mingguan, "Saya Yahweh dan saya telah datang untuk menyelamatkan seluruh dunia." Orang-orang yang semacam itu memang bermunculan di mana-mana.

Mari amati, saat dunia diguncang oleh satu demi satu bencana, orang akan mencari sosok penyelamat atau penolong yang dapat mengeluarkan mereka dari kesusahan. Orang akan mencari sosok yang dapat dipercaya, yang kuat. Dari situlah timbul peluang untuk munculnya kristus-kristus palsu. Kita dapat melihat akan muncul lebih banyak lagi para mesias palsu pada masa sekarang, karena masih akan terjadi banyak bencana. Itulah tanda pertama, yang telah kita lihat, dan ada bahaya yang menyertainya: bahaya kristus palsu, tetapi hampir tidak mungkin bahwa orang Kristen tertipu oleh kristus palsu.

Dahulu, saya pernah menerima surat dari seseorang dari Staffordshire, yang isinya berkata, "David yang terkasih, saya membeli kaset rekaman Anda karena menyangka Anda adalah penyanyi lagu rohani, lalu saya kecewa karena ternyata isinya hanya kata-kata, tidak ada musik. Namun, saya lalu mendengarkan pengajarannya, dan sayalah orang yang Anda bahas itu. Sayalah Kristus. Saya telah datang untuk menyelamatkan seluruh dunia." Suratnya itu panjangnya 14 halaman, yang pada intinya menyatakan kepada saya bahwa dia adalah Kristus, dengan tata bahasa yang sangat baik dan tulisan tangan yang sangat indah. Kita akan melihat banyak sekali sosok serupa, karena bencana memang mengguncang kehidupan banyak orang, sehingga timbul

SURGA DAN NERAKA

kekosongan rohani yang lalu dimasuki oleh para mesias palsu. Mari lihat tanda yang kedua sekarang. Tanda tersebut akan ada di tengah-tengah Gereja dan terdiri dari tiga aspek, sama seperti tanda pertama dengan tiga aspeknya dan tiga jenis bencana: gempa bumi, perang, dan kelaparan. Tanda yang kedua memiliki tiga bagian pula, tetapi semuanya muncul di dalam Gereja. Pertama, ada *penganiayaan yang universal*. Gereja dibenci oleh segala bangsa dan ditekan di mana-mana. Penganiayaan yang universal belum pernah terjadi dalam dua ribu tahun sebelumnya, tetapi kini makin dekat dengan terjadinya. Dari sekitar 193 negara di dunia, hanya kurang dari dua lusin yang belum mengalami penganiayaan atas Gereja. Angka itu pun terus menurun. Bahkan, sebenarnya tanda-tanda awal tekanan atas orang Kristen pun muncul di Inggris juga. Tekanan akan sangat berat menimpa kita, dan secara khusus telah mulai kita lihat di dunia pendidikan, dan undang-undang kesetaraan juga akan digunakan untuk menentang orang Kristen.

Kitalah yang akan menderita tekanan tersebut. Yesus berkata bahwa bagian pertama dari tanda pertama itu akan berupa tekanan yang universal atas Gereja. Bagian kedua dari tanda itu mengikuti bagian yang pertama. Yesus berkata bahwa kasih banyak orang akan menjadi dingin. Dengan kata lain, tekanan memisahkan orang-orang Kristen "KTP" dari yang sejati. Mereka adalah orang-orang Kristen yang biasa datang ke gereja pada hari Minggu dan hadir di kebaktian tetapi akan segera menghilang saat mengalami tekanan. Saya pernah mendengar cerita tentang pertemuan doa bertahun-tahun lalu di salah satu negara di balik Tirai Besi, ketika dua tentara datang membawa senapan mesin ke tengah-tengah pertemuan doa lalu berkata, "Kami akan membunuh orang-orang Kristen." Orang-orang Kristen itu menyangka kedua tentara itu mabuk, padahal tidak. Mereka lalu berkata lagi, "Siapa yang bukan orang Kristen, silakan keluar." Sejumlah orang lalu keluar.

Lalu, kedua tentara itu berkata kepada orang-orang yang

Kedatangan Kristus Kembali (Bagian 1)

tetap tinggal, "Nah, sekarang, tolong ajari kami cara menjadi orang Kristen. Kami harus memastikan dulu tadi sebelum mulai menanyakan hal ini." Nah, bagaimana kalau hal yang semacam itu terjadi pada pertemuan doa kita sendiri? Yesus sendiri berkata bahwa akan terjadi tekanan secara universal dan akibatnya adalah banyak orang Kristen "KTP" undur. Itu sebenarnya bukan kabar buruk. Itu kabar baik, karena bagian ketiga dari tanda kedua adalah Injil akan diberitakan ke segala bangsa, seperti yang Yesus katakan. Artinya, saat tekanan menimpa Gereja dan menyaringnya serta memurnikannya, Gereja menjadi jauh lebih mampu melanjutkan tugas yang dipercayakan Yesus sebelum Dia naik meninggalkan bumi, yaitu memberitakan Injil ke segala bangsa. Hal itu dapat kita lihat sedang terjadi. Di Tiongkok pun hal itu sedang terjadi. Ada desa-desa di Tiongkok yang 85 persen populasinya telah mengalami kelahiran baru. Gereja memang ditekan, tetapi tekanan itu menyingkirkan orang-orang yang suka hadir di kebaktian tetapi tidak mampu mengemban tugas pemberitaan Injil. Gereja yang mengalami tekanan semacam itu bertumbuh sangat pesat.

Jangan pernah kasihani gereja yang sedang mengalami penganiayaan. Justru, Anda perlu "iri" kepada mereka. Saya ingat pernah mengunjungi Ceko-Slowakia bertahun-tahun lalu, dan kami memberi tahu gereja di sana bahwa di Inggris kami telah lama mendoakan mereka. Mereka menjawab, "Anda mendoakan kami? Mengapa? Kami justru rutin melakukan pertemuan doa untuk mendoakan gereja di Inggris, karena bangsa Anda jauh lebih berkekurangan secara rohani daripada kami." Jawaban mereka itu menyadarkan kami dan membuat kami bertobat dari kesombongan. Nah, itulah tanda kedua yang perlu kita amati: tekanan atas Gereja di semua negara di dunia, orang-orang Kristen "KTP" undur, dan orang-orang Kristen yang bertahan memberitakan Injil ke segala bangsa dalam pelaksanaan tugas dari Yesus. Itulah tanda yang kedua.

Tanda yang ketiga, menurut kata Yesus, akan terjadi di wilayah

SURGA DAN NERAKA

Timur Tengah. Kali ini Yesus mengutip perkataan Nabi Daniel, yaitu istilah luar biasa yang Daniel gunakan tiga kali dalam nubuatnya tentang masa depan, yaitu "kekejian yang menajiskan". Sebenarnya, itu pun bukan terjemahan yang mewakili maknanya secara utuh. Saya pun khawatir tidak ada kata yang begitu buruk maknanya dalam bahasa Inggris, yang cukup mewakili dan menggambarkan kengerian kata aslinya dalam bahasa Ibrani. Makna aslinya menjijikkan, mengerikan, dan sangat mengusik. Dan, makna itu menjadi nyata menjelang Yesus datang kembali. Salah satunya adalah ketika seorang pria bernama Antiokhus Epifanes, kaisar Yunani, berjalan memasuki kota Yerusalem dengan memimpin pasukan lalu melakukan hal-hal yang sangat mengerikan.

Dia memasuki bait suci di Yerusalem dan mempersembahkan korban babi di mezbah, membakar daging hewan babi di mezbah itu, lalu mengubah kamar-kamar kecil di sekeliling sisi bait suci menjadi ruang prostitusi. Itulah yang terjadi. Tindakan itu begitu menjijikkan dan menghujat kekudusan, jauh melebihi apa pun yang pernah terjadi dalam sejarah Yahudi. Antiokhus Epifanes disebut-sebut sebagai referensi kekejian yang menajiskan dalam nubuat Daniel. Memang benar demikian, atau setidaknya tindakannya itu adalah versi icip-icip awal dari yang kemudian. Menjelang akhir zaman, kita akan melihat orang yang digambarkan oleh Paulus dalam 2 Tesalonika sebagai manusia durhaka, yang menyatakan tidak mengakui hukum apa pun selain kehendaknya sendiri, yang meninggikan diri sebagai tuhan, dan menaruh dirinya pada posisi yang seharusnya layak hanya bagi nama Tuhan. Amati saja wilayah Timur Tengah untuk menemukan kemunculan manusia itu, dan waspadai hal yang sama kejinya seperti yang dahulu terjadi kembali. Akan ada manusia durhaka yang menentang Tuhan tepat di tempat nama Tuhan diakui sebagai Yang Kudus.

Yesus berkata, "Kamu yang tinggal di sekitar kota Yerusalem, awaslah jika manusia itu muncul, segeralah pergi keluar secepat-

Kedatangan Kristus Kembali (Bagian 1)

cepatnya. Jangan berhenti dahulu untuk berkemas. Pergi saja keluar cepat-cepat." Pesannya juga adalah: kita semua yang berada di bagian-bagian lainnya di dunia, tetaplah tinggal di sana dan bertahanlah. Jangan pindah. "Yang terutama," kata Yesus, "gunakan dan andalkan matamu, bukan telingamu. Kamu akan mendengar banyak desas-desus bahwa Aku telah datang di sana-sini. Jangan dengarkan desas-desus itu. Jangan biarkan telingamu atau apa pun yang kamu dengar menyesatkanmu. Tetaplah berjaga-jaga dan amati kedatangan-Ku."

Omong-omong, seharusnya saya menyebut juga bahwa bahaya tanda kedua kedatangan Yesus kembali adalah nabi-nabi palsu. Saya khawatir bahwa sementara orang Kristen sendiri aman serta tidak akan tertipu hingga percaya mesias-mesias palsu di dalam Gereja, mereka rentan untuk percaya nabi-nabi palsu. Kita tahu apa yang dikatakan nabi-nabi palsu. Mereka berkata, "Damai, damai," padahal tidak ada damai. Mereka berkata, "Jangan takut, itu tidak akan terjadi." Mereka hanya ingin menenangkan dan menyamankan orang-orang. Nabi-nabi sejati akan menyampaikan kebenaran, meskipun kebenaran itu tidak enak didengar. Nah, kita telah memahami tanda pertama, yang terjadi pada dunia: bencana dan bahaya mesias palsu yang diikuti dunia. Tanda kedua adalah tekanan atas Gereja secara universal, dengan orang-orang Kristen "KTP" undur serta orang-orang Kristen yang bertahan menunaikan tugas pemberitaan Injil. Bahayanya adalah akan ada nabi-nabi palsu, yang menghibur gereja agar tidak usah takut, berkata bahwa semuanya baik-baik saja dan tidak akan memburuk lagi. Kemudian, dalam tanda yang ketiga, Yesus berkata bahwa bahayanya adalah mesias-mesias palsu sekaligus nabi-nabi palsu. Itu krisis yang amat kacau! Kita harus benar-benar memastikan kemantapan iman kita. Kita tidak boleh asal mendengar.

Saya khawatir karena orang Kristen biasa suka bergosip. Bukankah kekhawatiran saya ini benar? Sudahkah Anda mendengar kabar yang baru-baru ini? Yesus mengajar kita, "Andalkan matamu, bukan telingamu. Amati. Akan ada banyak

SURGA DAN NERAKA

nabi palsu memberi tahu kamu perkataan Tuhan. Akan ada banyak mesias palsu memberi tahu kamu bahwa mereka itu Kristus. Di mana ada bangkai, di situ burung bangkai berkerumun. Mereka itu seperti burung bangkai, yang sedang mengambil keuntungan bagi diri mereka sendiri dari kekacauan yang terjadi." Tentang tanda yang ketiga, saya ingin Anda memperhatikan dua hal. Yang pertama, perhatikan bahwa Kristus sebenarnya belum datang kembali. Mungkin Anda mendengar bahwa Dia telah datang kembali, tetapi abaikan saja kabar itu. Kristus belum datang kembali. Yang kedua, perhatikan dengan saksama hal yang membutuhkan pemahaman yang lebih lanjut ini, yaitu bahwa orang-orang Kristen belum pergi. Kemudian, gabungkan kedua hal yang perlu diperhatikan itu. Kita telah mengalami krisis besar di wilayah Timur Tengah, ada manusia durhaka yang juga dikenal sebagai Antikristus, dan banyak hal lainnya terjadi. Tanda ketiga terjadi bersamaan dengan bergulirnya situasi politik Timur Tengah; bukankah semuanya cocok? Kristus belum datang kembali dan orang-orang Kristen belum pergi.

Kita tiba pada tanda yang keempat dan terakhir. Terjadinya kelak di langit. Itulah tandanya kelak: matahari akan padam, bulan akan padam, bintang-bintang akan padam satu per satu, sampai langit akan gelap gulita seluruhnya dan tidak ada cahaya alami sama sekali. Saya sangat bersemangat membahas tanda yang keempat. Saya ingat semasa kecil pernah diajak pergi ke gedung teater untuk menyaksikan pertunjukan pantomim Natal. Saya ingat semuanya dengan jelas. Itu adalah gedung Theatre Royal di Newcastle di daerah Tyne, dan saya duduk di area balkon dengan pandangan langsung ke arah panggung. Rasanya seru sekali. Semua orang mengobrol dengan penuh semangat. Banyak keluarga datang untuk menyaksikan pertunjukan pantomim Natal, lalu satu per satu lampu dimatikan sampai akhirnya ruangan benar-benar gelap. Saya ingat, hati saya lalu berdebar dan saya berpikir, "Pertunjukannya akan segera dimulai." Suasananya menjadi sunyi. Kemudian, tirai panggung terbuka ke samping,

Kedatangan Kristus Kembali (Bagian 1)

lalu ada sorotan cahaya lalu pertunjukannya mulai bergulir. Seperti itulah tepatnya tanda yang keempat kelak. Tuhan akan mematikan semua cahaya satu per satu, agar kemuliaan Yesus akan menjadi satu-satunya cahaya, dari timur ke barat, dari ujung yang satu ke ujung yang lain cakrawala. Hanya akan ada satu cahaya yang menyorot, tetapi itu bukan dari matahari, bulan, atau bintang-bintang. Saya telah memberi tahu Anda bahaya yang ada pada ketiga tanda sebelumnya. Bahaya pada tanda pertama adalah mesias palsu, bahaya pada tanda kedua adalah nabi palsu, dan bahaya pada tanda ketiga adalah mesias palsu dan nabi palsu sekaligus. Apa bahaya pada tanda yang keempat? Tidak ada. Tanda itu akan berlangsung dengan begitu cepat. Saat Anda menangkap tanda keempat itu, cepat-cepatlah berpegangan, karena Anda akan diangkat dan pergi. Anda akan mendengar suara. Anda akan mendengar sangkakala. Anda akan mendengar suara sangkakala itu keras menggelegar. Semua cahaya akan padam dan Anda akan melihat kilatan petir menyambar dari satu ujung cakrawala ke ujung lainnya, dengan suara sangkakala itu menggema di seluruh bumi, dan Anda akan bertahan karena Anda akan berjumpa dengan Yesus.

Itulah jawabannya atas pertanyaan tentang kedatangan Yesus kembali, kecuali satu hal. Telah saya sebutkan sebelumnya bahwa saya merasa tahu bulan kejadiannya, karena Yesus selalu melakukan segala sesuatu menurut kalender Tuhan. Dalam kalender Tuhan, ada tiga waktu penting dalam setahun: Paskah, Pentakosta, dan Tabernakel. Yesus wafat pada saat Paskah, Dia mengutus Roh Kudus-Nya pada saat Pentakosta, tetapi Dia belum menggenapi penyataan Tabernakel. Jika Anda mempelajari Alkitab baik-baik, Anda akan menemukan bahwa Yesus lahir pada saat masa Hari Raya Tabernakel, yaitu pada akhir bulan September sampai awal bulan Oktober. Firman itu menjadi manusia dan ber-tabernakel di tengah-tengah kita, kata Yohanes, dan jika Anda memahaminya, itulah waktu kelahiran Yesus. Anda tentu tahu Yesus tidak lahir pada bulan Desember. Dia lahir pada

SURGA DAN NERAKA

akhir bulan September atau awal bulan Oktober, dan saya yakin kedatangan-Nya kembali kelak akan tepat waktu, tidak meleset, karena Hari Raya Tabernakel didahului oleh Hari Raya Sangkakala dan setiap kali sangkakala disebut dalam Perjanjian Baru benda itu selalu dibunyikan untuk mengumumkan kedatangan Tuhan Yesus. Nah, pada suatu tahun yang cukup dekat, pada bulan September atau Oktober, Yesus akan datang kembali, tetapi saya tidak tahu tahunnya. Kini, kita akan melanjutkan pembahasan ke pertanyaan-pertanyaan yang lebih penting: mengapa Yesus datang kembali dan apa perbedaannya terhadap cara hidup kita saat ini.

Bab 2

KEDATANGAN KRISTUS KEMBALI
(BAGIAN 2)

Saya telah menjelaskan sebelumnya keempat tanda yang Yesus berikan kepada kita untuk mengenali kedatangan-Nya kembali ke bumi ini. Dari keempat tanda itu, saya dapat berkata bahwa kita sudah melihat satu setengahnya, dan dengan kecepatan perkembangan berbagai peristiwa di dunia, tentu tidak ada orang yang dapat meramalkan berapa lama waktunya sebelum dua setengah tanda yang lainnya terjadi. Memang benar, dunia sedang berubah dengan begitu cepat dan kita tidak bisa memberlakukan aturan yang kaku terhadap perubahan-perubahan itu. Pertanyaan yang jauh lebih penting daripada "*Kapan* Yesus akan datang kembali?" sebenarnya adalah "*Mengapa* Yesus akan datang kembali?" Itulah pertanyaan yang sebenarnya sangat nyata. Tentu ada alasan yang amat penting mengapa Dia harus datang kembali.

Salah satu kejutan yang terdapat dalam Perjanjian Baru ada di sebuah ayat dalam kitab Ibrani, yang berkata bahwa Yesus akan muncul pada kedatangan-Nya yang kedua kali untuk membawa keselamatan bagi mereka yang menantikan Dia. Nah, ini membingungkan. Bukankah saat kedatangan-Nya yang pertama kali Yesus sudah membawa keselamatan? Lalu, Anda menyadari bahwa saat kedatangan kedua, Yesus membawa keselamatan bukan bagi dunia atau orang-orang yang belum percaya, melainkan bagi mereka yang sedang menantikan Dia. Tentu saja, jawaban atas kebingungan kita itu adalah bahwa kita sebenarnya belum tuntas diselamatkan. Kita masih *sedang* diselamatkan. Keselamatan merupakan sebuah proses, dan ada bagian di dalam diri kita yang belum selamat, yaitu bagian yang dapat kita lihat sendiri. Tubuh jasmani kita belum selamat, karena masih hidup di bawah hukum dosa dan kematian. Tubuh jasmani kita akan mati dan musnah, jika Yesus belum datang kembali saat kita meninggal.

Lalu, mengapa Yesus harus datang kembali untuk menuntaskan keselamatan kita? Jangan salah; Yesus sendiri sudah selesai melakukan segala sesuatu yang perlu Dia lakukan untuk menghasilkan kekudusan dan pengampunan bagi kita. Dia bukan harus mati lagi di kayu salib, karena hal itu sudah selesai dan tuntas. Namun, ada hal-hal yang belum tuntas, dan Dia datang kembali untuk membawa keselamatan yang genap dan tuntas itu bagi kita yang menantikan Dia.

Ada lima alasan mengapa Yesus perlu datang kembali; dan jika hanya ada salah satu saja dari alasan-alasan itu, bukan kelima-limanya, Yesus sebenarnya tidak perlu datang kembali. Yang pertama sangat sederhana: untuk mengumpulkan kita, berjumpa dengan kita, dan membawa kita kembali untuk bersama-Nya. Yesus sendiri berkata, "Jika kebenarannya tidak begitu, Aku pasti memberi tahu kamu. Namun, Aku pergi untuk mempersiapkan tempat bagimu," yang berarti Yesus pulang dan kembali menjadi tukang kayu, mempersiapkan tempat tinggal bagi kita. Apakah Anda menyadarinya? Yesus sangat mahir dalam hal menciptakan, dan Dia sedang mempersiapkan kamar tempat tinggal bagi kita di rumah Bapa-Nya. Lalu, Dia berkata, "Aku akan datang kembali lalu menjemput kamu untuk bersama-Ku, supaya di tempat Aku berada, di situ pula kamu berada."

Suatu ketika, saya mengobrol dengan seorang wanita lansia dalam kelompok jemaat yang saat itu sudah pernah berkunjung ke Israel. Dalam kunjungannya, wanita itu berkeliling *souk* Arab, yaitu bazar berbentuk labirin di bawah tanah yang penuh dengan lapak-lapak kecil pedagang, mirip pasar di zaman kuno. Saat itu dia mencari kantor pos karena ingin membeli prangko untuk mengirim kartu pos kepada putrinya. Dia berkata kepada seorang pedagang Arab di sana, "Di mana letak kantor pos di sini?" Si pedagang menjawab, "Oh... Lurus saja di gang ini, cari gang di sisi kiri, lalu naik tangga, terus saja naik sampai ada pecahan dua jalan, lalu belok kanan, dan cari tikungan kanan kedua di gang itu." Makin lama si pedagang melanjutkan penjelasannya, makin bingunglah wajah wanita itu.

Pada akhirnya, si pedagang sadar bahwa sang wanita itu tidak akan mungkin dapat menemukan kantor pos, maka ia menutup lapaknya dan menggembok tirai penutup barang dagangannya, lalu menggandeng siku sang wanita. Dia berkata, "Sayalah jalannya ke sana." Kemudian, dia membawa wanita itu menuju kantor pos yang dimaksud. Wanita itu lalu bercerita dengan penuh semangat saat kembali bergabung dengan kelompok turnya, "Coba tebak saya belajar apa pagi ini..." "Selama ini saya selalu bingung apa maksud Yesus saat Dia berkata 'Akulah jalan'," lalu dia melanjutkan, "... tetapi sekarang saya sudah mengerti. Maksudnya, Yesus akan membawa saya ke tujuan. Saya tidak perlu mengerti rutenya. Yesus sendirilah yang akan membawa saya ke sana."

Itulah alasan Yesus akan datang kembali. Dia akan datang untuk mengumpulkan orang-orang Kristen, ke bumi ini tempat saya berada. Jika saya meninggal, kelak saya juga akan kembali ke bumi; dan jika Anda juga milik Kristus, Anda juga akan turut kembali ke bumi untuk berjumpa dengan-Nya. Pernahkah Anda menyadari hal itu sebelumnya? Yesus akan datang kembali ke bumi ini, maka kita yang meninggal pun akan kembali ke bumi. Pernahkah Anda memberi tahu teman-teman Anda bahwa setelah meninggal kelak Anda akan datang kembali ke bumi? Bukan bereinkarnasi, karena dalam reinkarnasi (jika Anda memercayainya) kita tidak tahu akan kembali hidup dalam wujud makhluk apa, bisa saja bebek atau hewan apa pun, kita tidak akan pernah tahu. Orang-orang Kristen akan kembali ke bumi sebagai diri mereka sendiri. Kita akan mengenal diri kita sendiri, dan kita akan datang kembali ke bumi ini.

Sadarkah Anda bahwa di bumi inilah kita akan menerima

SURGA DAN NERAKA

tubuh yang baru? Hal itu bukan terjadi di surga, melainkan di bumi ini. Kita yang telah meninggal akan dibangkitkan dari kematian dan diberi tubuh yang baru di bumi. Saya tak sabar rasanya menantikan untuk mendapat tubuh yang baru. Saat itu, usia tentu sudah amat sangat lanjut... Sekarang saja saya sudah tua, dan kadang saya sungguh merasakan tubuh saya ini tua. Anak-anak saya sendiri berpendapat bahwa saya sudah sepantasnya meninggal dan dapat meninggal kapan saja sekarang ini, tetapi saya 'toh masih hidup. Kelak saat saya menerima tubuh yang baru, saya akan berusia 33 tahun, karena Alkitab berkata bahwa kita akan menerima tubuh kemuliaan yang sama seperti tubuh-Nya; berapa usia Yesus saat itu? 33 tahun, dan saya tak sabar untuk menjadi berusia 33 tahun lagi.

Suatu ketika, saya berkhotbah di kebaktian pemakaman di daerah West Country; yang meninggal adalah seorang saudara Kristen yang terkasih. Usianya sudah lanjut, dan dia meninggal karena penyakit yang parah. Sejak beberapa bulan sebelum dia meninggal, penyakit itu membuat kondisi fisiknya sangat buruk. Pada acara pemakaman, saya kebetulan berkata, "Kelak saat kita bertemu dengan saudara kita ini lagi, dia akan berusia 33 tahun." Istrinya dan putrinya begitu gembira mendengar ucapan saya itu, sampai nyaris histeris. Kemudian, saya menanyakan kepada mereka mengapa mereka bereaksi demikian. Sang istri menjawab, "Semalam saya merapikan berkas-berkas milik almarhum suami saya, lalu menemukan selembar fotonya ketika dia masih muda, dia ganteng, rambutnya hitam dan tebal. Saya lalu berkata kepada foto itu, 'Seperti inilah aku akan mengingatmu, sayang... Bukan seperti kondisimu saat meninggal.'" Dia lalu melanjutkan, "Di foto itu, dia berusia 33 tahun."

Putrinya pun bercerita, "Suatu malam, saya bermimpi tentang ayah saya. Kami sedang bermain di tepi laut, saling mencipratkan air, dan saya merasa sangat senang. Tiba-tiba saja, saya terbangun dan sadar bahwa itu hanyalah mimpi." Kemudian, dia berkata lagi, "Saya tersadar bahwa itu sebenarnya kenangan dari suatu

Kedatangan Kristus Kembali (Bagian 2)

liburan semasa saya kecil. Kami pergi ke pantai ketika saya berusia 9 tahun, maka waktu itu ayah saya berusia 33 tahun." Pantas saja reaksi mereka meluap dengan sukacita mendengar ucapan saya itu.

Demikianlah, kita akan mendapat tubuh yang baru. Yesus bukan hanya mengurusi penyelamatan jiwa kita. Yesus juga mementingkan tubuh kita. Dia mementingkan seluruh aspek ciptaan-Nya. Seluruh makhluk ciptaan-Nya sedang mengeluh dan mengerang, menantikan untuk kita mendapat tubuh yang baru; karena ketika kita mendapat tubuh yang baru, itulah tanda bahwa seluruh makhluk pun akan mendapat tubuh yang baru. Semuanya itu akan terjadi di sini. Di sinilah kebangkitan orang mati akan terjadi. Di sinilah tubuh dibutuhkan dan tubuh diciptakan ulang.

Nah, itulah alasan pertama mengapa Yesus akan datang kembali: untuk berjumpa dengan kita dan memberi kita tubuh yang baru, di sini, yaitu di bumi ini. Kita akan berjumpa dengan Yesus di sini, meskipun selama Dia belum datang kita meninggal. Alasan kedua mengapa Yesus perlu datang kembali lebih dari sekadar mengumpulkan kembali orang-orang Kristen, yaitu untuk mempertobatkan orang-orang Yahudi. Bangsa Yahudi tetaplah umat pilihan-Nya. Tuhan membenci perceraian. Dia tidak pernah menceraikan Israel, dan salah satu misteri paling ajaib yang disingkapkan di dalam Alkitab adalah bahwa Tuhan punya rencana masa depan bagi bangsa Yahudi.

Bagaimana perasaan mereka kelak saat bertemu dengan Yesus dari Nazaret? Sebenarnya, Alkitab mencatat perasaan mereka itu. Alkitab berkata mereka akan meratap bagaikan kehilangan anak semata wayang saat menyadari tragedi berabad-abad bahwa mereka melewatkan Mesias dari kaum mereka sendiri. Dapatkah Anda membayangkannya? Semua penderitaan yang telah lama mereka lalui, semua duka yang telah lama mereka tanggung; mereka akan meratapinya. Hanya ada satu hal yang perlu diketahui oleh orang Yahudi agar dapat percaya kepada Yesus: bahwa Yesus itu hidup. Itulah pengetahuan yang turun

SURGA DAN NERAKA

atas Paulus di jalan menuju Damsyik.

Saya pernah berkhotbah di dekat Ely di Cambridgeshire, dan saat itu ada seorang wanita Yahudi di tengah-tengah kumpulan jemaat. Dia wanita yang menarik, berusia 25 atau 26 tahun. Setelah kebaktian, dia mendatangi saya. Katanya, "Pak Pawson, apakah Anda sedang berusaha memberi tahu saya bahwa Yesus dari Nazaret itu masih hidup?" Saya menjawab, "Memang itulah yang saya katakan." Lalu dia menyahut, "Kalau Dia masih hidup, pastilah Dia Mesias kami!" Perhatikan bahwa wanita itu menggunakan kata "kami" untuk menunjukkan kepemilikan. Saya menjawab lagi, "Ya, Yesus orang Yahudi, yang datang untuk keselamatan bangsa Yahudi." "Benar," lanjut sang wanita, dan dia bertanya, "Bagaimana caranya saya tahu pasti bahwa Dia hidup?" Saya berkata, "Coba saja Anda berbicara kepada-Nya sekarang juga." Itulah yang lalu dilakukannya.

Dalam waktu sepuluh menit saja, dia sudah bisa mengajar saya isi Alkitab. Dia sudah mengerti segala sesuatunya, kecuali satu petunjuk kunci yang terpenting. Dia berkata dengan penuh semangat, "Nah, maka yang ini begini, sehingga yang itu begitu!" Saya sungguh "iri" kepada orang-orang Yahudi, karena mereka telah memiliki seluruh pengetahuan itu, meski belum mengerti satu petunjuk kunci yang terpenting. Bayangkan saja apa yang akan terjadi ketika seluruh bangsa Yahudi akhirnya mengerti siapa Pribadi yang telah mereka salibkan itu! Yesus tetap mengasihi bangsa Yahudi; itulah bangsa-Nya dan saudara-Nya sendiri. Dia akan datang kembali ke kota Yerusalem; memang itu haruslah kota Yahudi yang Dia tuju untuk kedatangan-Nya kembali, dan kota itu pun berada dalam pusaran perkembangan dunia terkini.

Alasan yang ketiga: Yesus akan datang kembali untuk menaklukkan musuh-musuh-Nya. Saat terakhir kali Dia datang ke Yerusalem sebelumnya, Yesus datang menunggang keledai, tetapi kelak Dia akan datang kembali menunggang kuda. Itu merupakan perbedaan yang besar. Raja damai memang menunggang keledai, tetapi panglima perang tentu menunggang kuda. Itu merupakan

Kedatangan Kristus Kembali (Bagian 2)

perbedaan kontras berikutnya antara kedatangan-Nya yang pertama dan yang kedua. Yesus datang ke Yerusalem untuk berperang dan menghadapi para musuh-Nya. Alkitab memberi tahu kita bahwa sejarah akan dikendalikan oleh tiga pihak pada titik akhir zaman, yang merupakan sosok trinitas najis, yaitu versi tiruan yang hina dari Bapa, Anak, dan Roh Kudus. Iblis menggantikan posisi Bapa; Antikristus menggantikan posisi Kristus; nabi palsu menggantikan posisi Roh Kudus. Trinitas najis tersebut hadir mengendalikan seluruh situasi, dan Yesus akan datang memerangi mereka. Dia datang untuk melawan mereka dan menaklukkan mereka, menghabisi mereka secara mutlak sampai tuntas.

Oh, hati saya berseru, "Haleluya!" Yesus akan menumpas habis trinitas najis itu, dan itu berarti kejahatan pun akan musnah. Yesus akan datang kembali untuk menghabisi Iblis secara khusus, sebagai Singa dan bukan Domba, meskipun kata Anak Domba yang disebut kadang membuat kita salah paham. Saya tidak sedang membahas Sang Anak Domba Allah, karena istilah itu membuat saya membayangkan makhluk mungil berbulu putih yang lembut dan manis dan imut berusia beberapa minggu, padahal domba di dalam Alkitab itu selalu berusia satu tahun dan bertanduk. Domba dalam Alkitab selalu merupakan domba jantan pada usia primanya. Saya lebih suka menggunakan istilah Domba Jantan dari Tuhan. Dialah Singa dari Yehuda, Domba Jantan Tuhan, dan keduanya merupakan gambaran yang sangat kuat. Yesus akan datang kembali sebagai penakluk.

"Mari kita bernyanyi bagi Raja yang datang kembali untuk bertakhta. Kemuliaan bagi Yesus, Sang Domba yang telah tersembelih."

Kejahatan akan musnah, kebenaran dan kebaikan akan berjaya; dan itu berarti semesta tempat tinggal kita ini memiliki aspek moral. Aspek moral itu sangat penting bagi pemahaman kita.

Kebanyakan orang berkata, "Semesta dan dunia kita ini tidak bersifat moral. Yang jahat bebas saja berbuat jahat, yang baik sering kali menderita. Tidak ada prinsip moral dalam semesta dan dunia ini." Mereka berkata demikian karena melihat kejahatan menang dan kebaikan terinjak-injak. Kita dapat memberikan jawabannya, "Kelak, moralitas itu akan ditegakkan, karena Yesus datang kembali untuk menaklukkan segala kejahatan."

Pertanyaannya, mengapa Yesus tidak memusnahkan kejahatan pada saat kedatangan-Nya yang pertama kali? Mengapa Dia tidak menaklukkan Iblis secara langsung sampai tuntas pada saat itu? Mengapa Dia tidak menumpas habis semua antikristus dan nabi palsu pada saat itu? Jawabannya pun sangat mudah. Kalau saat itu Yesus langsung menghabisi segala yang jahat, siapa yang akan tersisa? Kita selalu berasumsi bahwa kita pasti lolos dari penumpasan itu. Aneh, bukan? Kita sibuk memprotes, "Mengapa Yesus tidak datang dan menghabisi *mereka* yang jahat itu?" Kita tidak menuntut, "Mengapa Yesus tidak datang dan menghabisi kami? Mengapa Dia tidak datang dan menghentikan saya agar saya tidak mencemari dunia ini lebih lanjut?"

Kita tidak pernah berkata demikian, karena kita selalu berpikir yang jahat itu orang lain. Menarik, bukan? Jika Yesus saat kedatangan-Nya yang pertama telah menumpas habis semua orang dan hal-hal yang jahat, kita masing-masing tidak akan ada di sini dan membaca buku ini sekarang. Bahkan, saya beri tahukan sesuatu pula: Anda tidak akan ada dan hidup dan membaca buku ini, karena jika Tuhan berurusan dengan kita sebagaimana yang pantas kita terima, tentu kita semua sudah lama mati. Oleh dan di dalam belas kasihan-Nyalah Dia datang saat pertama kalinya untuk memberi kita kesempatan memperbaiki diri, sebelum Dia datang kembali saat kedua kali untuk menghabisi segala sesuatu yang salah. Itulah sebabnya, meski bangsa Yahudi menantikan Sang Mesias untuk datang satu kali, rahasia yang tersimpan dalam Perjanjian Baru adalah bahwa Mesias itu datang dua kali: yang pertama untuk memberi kita pengampunan dan kekudusan,

Kedatangan Kristus Kembali (Bagian 2)

lalu yang kedua untuk menghabisi segala kejahatan. Syukur kepada Tuhan bahwa Dia tidak datang dengan urutan tujuan yang sebaliknya, karena jika demikian tentu kita semua tidak akan lolos. Itulah rahasia besar Kerajaan-Nya, bahwa Kerajaan itu datang dalam dua tahap.

Alasan berikutnya, yang keempat, mengapa Yesus perlu datang kembali adalah karena Dia akan menghakimi dunia. Alasan itu sepatutnya mencelikkan mata kita. Tuhan sebagai Bapa tidak akan menghakimi umat manusia. Dia telah mendelegasikan tanggung jawab penghakiman itu kepada Anak-Nya. Kita semua tidak akan berdiri di hadapan takhta Allah Bapa, tetapi di hadapan Anak-Nya, Yesus. Saya dapat membayangkan alasan yang sangat baik di balik keputusan Tuhan itu. Kalau Tuhan sebagai Bapa sendiri yang duduk di takhta sementara kita datang menghadap, kita jadi bisa berkata, "Tuhan, Engkau tidak mungkin menghakimi kami, karena Engkau tidak tahu bagaimana rasanya menjadi manusia. Engkau tidak tahu tekanan yang kami alami di bumi ini. Engkau tidak tahu rasanya tergoda oleh dosa. Engkau tidak mengerti rasanya dibenci. Engkau tidak mengerti rasanya dituduh melakukan kejahatan yang sebenarnya tidak Engkau lakukan. Engkau tidak mengerti semua itu." Padahal, tidak mungkin kita bisa berkata demikian kepada Sang Hakim, karena Hakim itu sungguh tahu dan mengerti posisi kita.

Dia tahu rasanya dituduh secara salah untuk suatu kejahatan. Dia tahu rasanya dilahirkan sebagai anak di luar nikah. Dia tahu rasanya digoda oleh segala macam dosa. Dia itulah yang akan menjadi Hakim di hadapan kita. Maka, kita harus yakin bahwa Ponsius Pilatus suatu hari kelak akan dihakimi oleh Yesus, Muhammad suatu hari kelak akan dihakimi oleh Yesus, Buddha suatu hari kelak akan dihakimi oleh Yesus, Konfusius suatu hari kelak akan dihakimi oleh Yesus; demikian pula, Gorbachev suatu hari kelak akan dihakimi oleh Yesus, Saddam Hussein suatu hari kelak akan dihakimi oleh Yesus, David Pawson suatu hari kelak akan dihakimi oleh Yesus; dan kita semua suatu hari kelak harus

SURGA DAN NERAKA

berdiri di hadapan takhta penghakiman Kristus untuk menerima penghakiman atas segala sesuatu yang telah kita lakukan selama hidup di dalam tubuh fana ini. Nah, itu nanti akan dibahas sebagai topik bab berikutnya: Hari Penghakiman. Yesuslah yang akan menghakimi kita. Itu merupakan poin yang sangat penting. Paulus, saat berkhotbah di Bukit Mars di kota Athena, berkata bahwa Tuhan telah menetapkan suatu hari ketika Dia akan menghakimi dunia oleh sesosok manusia. Yang akan menghakimi orang-orang fasik adalah sesosok manusia.

Saya masih merasa kita belum tiba pada alasan terpenting mengapa Yesus harus datang kembali ke sini untuk tujuan tersebut. Mengapa semuanya itu tidak dapat terjadi di tempat lain saja? Mengapa semuanya itu tidak dapat terjadi di alam arwah-arwah di Hades? Mengapa semuanya itu harus terjadi di sini Mengapa Yesus harus datang kembali ke bumi ini? Ada alasan yang kelima. Namun, saya akan berkata terus terang bahwa sebagian orang Kristen tidak setuju dengan hal yang saya kemukakan sebagai alasan kelima ini. Saya tidak akan menjelaskan berbagai alasan saya sendiri sehingga meyakini alasan ini, karena dalam buku ini tidak ada ruang yang cukup.

Meski demikian, saya akan menyatakan saja bahwa saya yakin Yesus akan datang kembali untuk memerintah atas dunia, yaitu menjadi Raja di bumi untuk sementara waktu. Itulah bagian paling menakjubkan dalam keseluruhan kisahnya. Akal budi atau imajinasi manusia mungkin telah menduganya, tetapi di bagian akhir Alkitab pun dinyatakan bagi kita bahwa saat Yesus telah datang kembali kelak, telah menaklukkan musuh-musuh-Nya, telah menguduskan kembali dunia ini, Dia akan memerintah sebagai Raja di sini dan menunjukkan kepada dunia segala sesuatunya jika Dia memegang kendali penuh.

Dunia telah melihat situasinya jika Iblis menjadi pemegang kendali. Era pangeran dunia ini telah tamat, dan saya yakin Tuhan dalam hikmat-Nya yang ajaib akan membuat dunia melihat bagaimana situasinya saat Yesus menjadi raja yang memerintah.

Kedatangan Kristus Kembali (Bagian 2)

Masa itu disebut "*Milenium*", yang berasal dari kata bahasa Latin yang berarti "seribu tahun", dan itulah jumlah tahun yang diberikan untuk masa pemerintahan kita di bumi. Saya telah mencari ke mana-mana tentang topik itu dan menemukan banyak sekali pandangan yang berbeda. Ada sebagian orang yang yakin akan tafsiran pra-milenium, pasca-milenium, dan a-milenium. Apakah Anda juga pernah mendengar tentang berbagai tafsiran tersebut? Seorang kawan saya sendiri berkata, "Itu urusan sebelum atau sesudah!" Di sisi lain, saya harus mengakui bahwa yang saya yakini tertulis apa adanya dalam Alkitab, bahwa Yesus akan memerintah di bumi ini sebelum akhir dunia dan Dia akan mengambil alih takhta pemerintahan dari bangsa-bangsa. Saat itulah Anda akan melihat nubuat menjadi nyata, bahwa bangsa-bangsa akan mengalami kedamaian di segala bidang, mereka akan "menempa pedang menjadi mata bajak, dan lembing menjadi sabit". Tentu saja, Yesus akan membutuhkan suatu lembaga pemerintahan yang akan membantu-Nya, dan dalam hal itu Alkitab saya yakin telah menjanjikan kita akan memerintah bersama-Nya. Itulah alasan yang sangat tepat untuk kita pun datang kembali ke bumi ini, dan sekaligus menerima tubuh yang baru.

Imajinasi kita mungkin tidak mampu membayangkan semuanya itu. Selama hampir 300 tahun, Gereja mula-mula secara universal meyakininya sebagai kebenaran, tetapi sayangnya kemudian muncul gagasan baru bahwa Gerejalah yang akan membangun Milenium baru itu sebelum Yesus datang kembali kelak; gagasan yang muncul karena seorang pria bernama Agustinus. Memang, pada masa itu tampaknya Gereja akan meraih kemenangan: Kaisar pun bertobat, penganiayaan berakhir, dan kelihatannya Gereja akan menguasai seluruh dunia. Namun, sekarang situasinya jauh berbeda.

Yesus pun tidak pernah mengajarkan agar kita percaya gagasan yang demikian. Yesus justru mengajarkan bahwa gandum dan ilalang akan bertumbuh bersama-sama. Kerajaan Allah akan menjadi lebih kuat, kerajaan Iblis pun akan menjadi lebih kuat,

SURGA DAN NERAKA

sampai akhirnya Kristus datang kembali untuk menumpasnya dan membersihkan kembali bumi ini; Tetapi, saya sangat yakin bahwa sebelum peristiwa-peristiwa terakhir itu, Yesus akan memerintah atas bangsa-bangsa. Mereka semua akan melihat bahwa Yesus menjadi Raja atas Inggris. Demikian pula Australia, dan Amerika, dan Rusia.

Bayangkan saja, betapa damai dan sejahteranya dunia jika Yesus yang memegang kendali! Lagi pula, memang Tuhan menciptakan dunia ini sebagai pemberian bagi Anak-Nya, Yesus. Tidak mungkin Tuhan yang membela kebenaran tidak membela Anak-Nya sendiri pula di hadapan seluruh dunia. Bagi saya sendiri, itulah alasan terpenting dan yang membenarkan seluruh gagasan kedatangan-Nya kembali. Tanpa alasan itu, sepertinya sulit dipahami mengapa seluruh urusan kedatangan Yesus kembali harus terjadi di bumi ini. Sebaliknya jika itulah alasan utamanya, bahwa Yesus datang kembali untuk memulihkan kerajaan bagi Israel, mengambil alih pemerintahan bangsa-bangsa di dunia, dan menggenapi seluruh janji Tuhan bagi dunia ini, segalanya menjadi masuk akal bagi saya. Namun, saya mohon agar Anda mempelajari Alkitab sendiri. Anda pasti mendengar banyak gagasan dan tafsiran, dan inilah pemahaman saya. Saya mendorong Anda untuk menyelidikinya sendiri hingga mendapat keyakinan pribadi.

Dahulu, Hitler pun bermimpi memiliki kerajaan yang aman tenteram selama seribu tahun; era pemerintahan *"Third Reich"* di Jerman dimaksudkan untuk berlangsung selama seribu tahun, tetapi hanya bertahan selama dua belas tahun. Saya yakin, masa pemerintahan Yesus akan sungguh-sungguh berlangsung selama seribu tahun. Itulah yang menjadi pengharapan saya, yang saya nanti-nantikan. Bukankah Anda pun sama? Betapa indahnya jika kelak Yesus mengambil alih kendali atas segala bangsa! Tidak ada lagi pemilihan umum; yang ada hanyalah seorang raja. Sebenarnya, kita tidak diciptakan untuk hidup di bawah sistem demokrasi. Kita justru diciptakan untuk hidup di bawah pemerintahan seorang raja, tetapi tentu saja masalahnya adalah kita tidak memiliki sosok raja yang tepat. Berita Injil berkata bahwa kita telah menemukan Raja yang tepat dan benar itu, yang sempurna untuk memerintah atas bangsa-bangsa.

Mari kita beralih ke aspek praktis sekarang. Apa dampaknya terhadap cara hidup kita sehari-hari, sejak hari Senin sampai hari Jumat, di sepanjang hari-hari kerja itu? Ada perbedaan apa jika ada Raja yang sempurna itu? Pengharapan merupakan sisi yang vital dalam kehidupan manusia. Manusia tidak dapat hidup tanpa pengharapan. Pengharapan adalah mata air yang selamanya mengalirkan kehidupan di dada manusia. Harus ada sesuatu di masa depan yang kita nanti-nantikan. Di sepanjang zaman, manusia telah menantikan masa emas, suatu era utopia yang akan datang, zaman baru, yang wujudnya berbeda-beda. Orang Kristen percaya pula akan kedatangan zaman baru, yaitu zaman baru di bawah pemerintahan Yesus, bukan yang diatur oleh kesatuan dari gabungan segala agama.

Pengharapanlah yang menolong kita menghadapi masa sekarang. Pengharapan kita akan apa yang ada di depan itulah yang memampukan kita hidup melewati segala tekanan dan kekecewaan hati ini. Orang yang tidak memiliki pengharapan akan ingin mengakhiri hidup. Pengharapan adalah mutlak dibutuhkan, bahkan iman dan kasih pun membutuhkan pengharapan agar dapat tetap hidup; pengharapan kita akan masa depan itulah yang menyediakan upah bagi kita. Sebaliknya, orang berdosa cenderung hidup di masa lalu, di dalam kubangan kebiasaan lama, dan mereka tidak mampu keluar dari kubangan itu. Orang berdosa biasanya sangat suka bernostalgia, padahal nostalgia bukanlah jawabannya. Kita justru harus menantikan sesuatu di masa depan, dan lebih baik memandang ke depan daripada menoleh ke belakang. Bukankah kita akan muak mendengar orang terus-menerus menceritakan betapa hebatnya masa lalu? Saya pun sudah tiba pada usia yang suka berkata, "Waktu saya kecil dahulu..." tetapi saya tetap punya pengharapan yang dinantikan.

SURGA DAN NERAKA

Bagi orang Kristen, yang terbaik itu akan datang, dan pengharapan sungguh memiliki dampak yang nyata. Saya akan memberikan gambarannya. Misalnya Anda pindah rumah ke daerah pinggiran Ashford di Kent, lalu Anda menemukan bahwa ada jalur jalan kendaraan bermotor yang akan dibangun dari Channel, tepat menembus lokasi rumah Anda. Dalam waktu dua tahun ke depan, rumah Anda akan dihancurkan. Memang Anda akan menerima uang kompensasinya, tetapi rumah itu baru saja Anda beli. Apakah Anda akan menghabiskan waktu berhari-hari merenovasi dapurnya dan memperbaiki kamar mandinya? Apakah Anda akan bersusah payah menjadikannya rumah idaman padahal Anda tahu rumah itu akan segera dihancurkan dua tahun kemudian? Tentu saja Anda tidak akan memutuskan hal yang begitu.

Demikian pula, Perjanjian Baru berkata, "Segala sesuatu ini akan hilang lenyap dan tidak ada lagi. Maka, bagaimana kamu harus hidup saat ini?" Dengan kata lain, tempat tinggal tetap kita bukan di sini. Kita hanya sedang menumpang lewat, dan pengharapan akan langit yang baru dan bumi yang baru dan rumah di surga itu mengubah pemikiran kita mengenai kehidupan di dunia ini. Anda tidak akan mau menetap di dunia ini, karena Anda tahu Anda tidak akan tinggal di sini selamanya, tetapi hanya sementara.

Saat berusia 80 tahun, Abraham pergi meninggalkan rumah batu bata dua lantai dengan sistem pemanas terpusat dan saluran air sampai ke kamar-kamar tidurnya. Saya tahu rumahnya karena para ahli arkeologi menemukan demikian itulah standar kehidupan di Ur di wilayah Kaldea, yang pada zaman modern ini disebut Irak. Abraham meninggalkan rumahnya itu dan pergi untuk tinggal di kemah sepanjang hidupnya, pada usia setua itu. "Dia tetap berbahagia, karena dia menantikan kota yang diciptakan dan dibangun oleh Tuhan sendiri". Itulah dampak perbedaannya; kehidupan yang sementara ini menjadi tidak begitu berarti lagi.

Kedatangan Kristus Kembali (Bagian 2)

Di sisi lain, misalnya Anda dikontak oleh British Museum dan mereka menanyakan apakah Anda punya karya kerajinan tangan atau hobi tertentu, lalu Anda berkata bahwa Anda pernah mengerjakan ini-itu dari bahan kayu, tenunan, atau jahitan. Mereka lalu berkata, "Kami membutuhkan sampel karya kerajinan tangan amatir orang Inggris untuk ditampilkan di masa depan, dan kami akan memajangnya selamanya di museum supaya orang-orang kelak bisa selalu melihat karya yang kita buat pada zaman ini." Seberapa Anda akan berhati-hati untuk membuat karya tersebut? Tentu Anda akan membuat karya yang sebaik-baiknya, bukan? Karena tahu karya itu akan dipajang selama-lamanya, Anda akan membuatnya dengan sangat hati-hati.

Dapatkah Anda melihat bahwa pemikiran yang berorientasi pada masa depan itu sungguh mengubah kita? Jika rumah kita akan segera dihancurkan, sikap kita terhadap rumah itu tentu akan berubah; kita tidak lagi terlalu peduli dengan saluran pembuangan yang bocor atau hal-hal lainnya. Mengapa harus repot-repot jika toh rumah itu akan dibongkar nantinya? Namun, di sisi lain, jika kita tahu kita mengerjakan sesuatu yang akan digunakan secara tetap sampai waktu yang sangat lama dan dilihat oleh begitu banyak orang, kita tentu akan jauh lebih berhati-hati mengerjakannya. Saya ingin agar Anda menyadari bahwa demikian itulah cara pikir kita tentang masa depan, dan itu berpengaruh terhadap perilaku kita di masa sekarang.

Ada empat hal yang secara nyata memengaruhi kehidupan orang percaya ketika dirinya menyadari bahwa Yesus akan datang kembali ke bumi. Inilah empat hal tersebut: Saya akan tambahkan pula bahwa suatu ketika saya sedang menelaah Matius pasal 24 saat saya menunjukkan keempat tanda tadi, dan kini saya akan membahas Matius pasal 25, yang tepat setelah pasal itu. Setelah memberitahukan tanda-tanda kedatangan-Nya, Yesus berkata, "Beginilah kamu harus bersiap-siap." Lalu, Dia menyampaikan empat perumpamaan, atau empat kisah. Satu tentang sepuluh gadis, satu tentang talenta, satu tentang domba dan kambing, untuk mengajar kita cara mempersiapkan diri, serta dampaknya jika kita menyadari bahwa Sang Tuan akan datang kembali suatu hari kelak.

Inilah empat hal yang menjadi ciri khas orang-orang Kristen yang selalu berpikir tentang kedatangan Tuhan kembali. Pertama, pelayanan yang setia dan bertanggung jawab. Pelayanan yang setia dan bertanggung jawab itu karena saat Tuan itu datang kembali, Dia tidak akan memusingkan apa yang kita sedang lakukan saat itu. Dia justru akan lebih peduli terhadap apa saja yang kita telah lakukan selagi Dia tidak ada. Hal itu penting sekali karena sebagian orang panik dan berpikir, "Wah, Tuhan bisa saja datang hari Selasa depan, saya harus . . ." lalu mengubah perilaku secara drastis karena tidak ingin didapati melakukan apa yang sebelumnya mereka lakukan. Padahal, Yesus tidak akan datang kembali dan berkata, "Apa yang sedang kamu lakukan saat Aku datang kembali?" Dia akan berkata, "Apa saja yang telah kamu lakukan saat Aku tidak di sini?"

Dalam setiap perumpamaan dalam Matius 25, ada kata-kata "tidak datang-datang" atau "tidak kunjung datang". Ujian sesungguhnya apakah kita siap menyambut kedatangan-Nya kembali bukanlah apa yang kita lakukan saat kita tahu Dia akan datang segera, melainkan apa yang kita lakukan saat kita merasa Dia tidak kunjung datang. Dapatkah Anda memahami maksud saya? Ini merupakan poin yang sangat penting, karena Tuhan ingin menemukan hamba-hamba yang setia dan bertanggung jawab. Dia ingin agar bisa berkata, "Baik sekali perbuatanmu, meskipun Aku tidak datang-datang juga kamu tetap bertahan. Kamu telah setia dalam tanggung jawabmu." Nah, yang ada justru kepanikan, "Oh, bisa saja Yesus datang malam ini," atau "Yesus akan datang segera minggu ini." Biasanya, kalau Yesus ternyata tidak datang juga pada waktu yang disangka itu, perubahan baik tersebut pun segera mati. Motivasi kita yang seharusnya bukanlah kapan waktunya Dia datang kembali, melainkan apa yang akan Dia katakan ketika Dia datang kembali kelak. Yesus sendiri ingin

Kedatangan Kristus Kembali (Bagian 2)

berkata, "Baik sekali perbuatanmu itu, hai hamba-Ku yang setia."
DL Moody, sang penginjil besar di era masa lalu, pernah berkata, "Sejak saat saya mendengar bahwa Yesus akan datang kembali ke bumi ini, saya jadi ingin bekerja keras tiga kali lipat melebihi sebelumnya." Pelayanan yang setia dan bertanggung jawab merupakan ciri khas pertama yang akan muncul. Saat saya menyebut pelayanan yang setia dan bertanggung jawab, yang saya maksud bukanlah kegiatan dalam gereja. Mohon pahami bahwa ada gagasan yang menganggap pelayanan kepada Tuhan hanya dilakukan oleh para misionaris dan gembala gereja. Gagasan itu disuburkan oleh fakta bahwa banyak foto misionaris dipajang di dinding lorong masuk gereja dan kita membesar-besarkan pelayanan mereka sehingga kita jadi memiliki pemahaman urutan prioritas yang salah: misionaris adalah pelayan Tuhan yang paling mulia, gembala gereja ada di tingkat berikutnya, lalu para penginjil dan dokter dan perawat, lalu para guru, sedangkan para sopir taksi mungkin ada di tingkat ke-55. Benar, bukan? Para operator komputer apalagi, jauh di bawah sekali tingkatnya. Semua itu sama sekali tidak benar.

Para misionaris dan gembala gereja justru akan tidak dibutuhkan lagi di surga, karena terlalu banyak jumlahnya. Pernahkah Anda berpikir demikian? Kita perlu melakukan pelatihan ulang dan memperbaiki cara pandang kita. Perhatikan bahwa saat saya menyebut pelayanan yang setia dan bertanggung jawab, yang saya maksud adalah pekerjaan kita sehari-hari, karena nantinya juga akan ada pekerjaan bagi kita di masa depan, yang terkait langsung dengan cara kerja kita dalam pekerjaan kita yang sekarang ini. Tuhan jauh lebih tertarik pada cara kerja Anda daripada apa pekerjaan Anda. Tahukah Anda bahwa Dia begitu? Istri Billy Graham menaruh kata-kata di dinding di atas bak cuci di dapurnya, yang berbunyi: "Perhatian: Di sini dilakukan tugas yang kudus bagi Tuhan, tiga kali sehari." Wanita itu memahami kebenarannya.

Apa pun pekerjaan kita, melakukannya dengan baik dan setia

merupakan pelayanan yang kudus bagi Tuhan. Dahulu, ada seorang ahli bedah wanita yang bekerja di Beijing, Tiongkok. Dia adalah kepala ahli bedah di sebuah rumah sakit di kota itu. Saat menjadi Kristen, dia dipecat. Sebenarnya, saat itu dia ditawari pekerjaan sebagai petugas kebersihan WC, tetapi dia menolak dan berkata, "Saya baru rela membersihkan WC kalau Yesus yang duduk di klosetnya." Dia lalu bekerja sepenuh waktu dalam sebuah pelayanan Kristen. Jangan pernah berkata bahwa pekerjaan Anda bersifat sekuler. Tidak ada hal sekuler kecuali dosa. Ingat, semuanya yang lain adalah pelayanan yang harus dilakukan dengan setia dan bertanggung jawab.

Ciri khas yang kedua: penginjilan global. Yesus pun telah menyerahkan tugas untuk kita lakukan, dan tugas itu belum kita selesaikan. Dia berkata, "Injil harus diberitakan ke segala bangsa, lalu barulah kesudahan itu akan tiba. Pergilah dan jadikan segala bangsa murid-Ku, pergilah dan beritakan Injil kepada segala makhluk." Kita masih jauh dari titik selesai; kita sedang terus bergerak maju, tetapi di hadapan kita masih ada tugas yang belum selesai untuk menginjili seluruh dunia. Makin kita merenungkan kedatangan kembali Yesus, makin kita ingin terlibat dalam upaya penginjilan global dalam bentuk apa pun.

Ciri khas yang ketiga adalah reformasi sosial. Mungkin Anda tidak menyangka yang satu ini, tetapi orang-orang yang memikirkan kedatangan Tuhan kembali dan dunia baru yang akan datang itu adalah orang-orang yang ingin menjadikan dunia yang sekarang ini pun lebih baik. Terdengarnya memang tidak berguna, tetapi sebenarnya bermanfaat. Jika Anda berkunjung ke daerah Picadilly Circus di London, Anda akan melihat patung aluminium berbentuk malaikat di tengah-tengahnya. Nama patung itu adalah "Eros"; nama yang amat sangat buruk. Seharusnya patung itu diberi nama "Agape", karena patung itu didirikan untuk mengenang Anthony Ashley-Cooper, sang Earl bergelar Lord Shaftesbury. Lord Shaftesbury di sepanjang masa hidupnya bekerja keras untuk membebaskan anak-anak dari perbudakan di

Kedatangan Kristus Kembali (Bagian 2)

pabrik-pabrik dan mengupayakan sistem kerja dengan jam kerja serta upah kerja yang layak. Yang melandasi seluruh upayanya itu adalah prinsip yang dia tuliskan dalam setiap suratnya kepada para politikus atau siapa pun yang lain, "Dengan segala situasi ini, datanglah, Tuhan Yesus." Itulah motivasinya. Dia ingin menjadikan dunia ini tempat terbaik untuk upayanya itu, karena tahu Yesus akan datang kembali. Reformasi sosial adalah salah satu buah dari pandangan yang nyata akan kedatangan Yesus kembali.

Ciri khas terakhir, kekudusan pribadi. Perjanjian Baru berkata, "Siapa pun yang mengharapkan kedatangan Tuhan pasti memurnikan diri, karena kita tahu ketika Dia datang kelak kita akan menjadi serupa dengan Dia dan kita akan berhadapan dengan Dia sebagaimana adanya Dia." Dengan kata lain, saya pernah berkhotbah di sebuah sekolah di hadapan anak-anak, lalu seorang anak lelaki bertanya, "Mengapa Yesus dahulu tidak menikah?" Saya menjawab, "Tidak apa-apa, dulu memang belum, tapi nanti Yesus akan menikah." Saat acara selesai, kepala sekolah di situ bertanya kepada saya, "Apa maksud Anda tadi saat berkata Yesus akan menikah? Saya belum pernah mendengar hal itu." Saya berkata, "Seluruh Alkitab menceritakan kisah pertunangan dan akhirnya adalah pernikahan dengan sang Mempelai Wanita Kristus, yaitu Gereja. Yesus dan Gereja akan menikah dan hidup bahagia selamanya setelah pernikahan itu."

Kitalah sang Mempelai Wanita Kristus itu, dan bukankah semua calon mempelai wanita ingin agar dirinya sempurna? Calon mempelai wanita mana yang tidak ingin mengenakan pakaian putih yang indah, yang terindah yang dapat dia kenakan? Akhir Alkitab memberi tahu kita tentang pernikahan itu, termasuk bahwa sang Mempelai Wanita telah mempersiapkan diri, mengenakan pakaian linen putih bersih, yang merupakan perbuatan baik orang-orang kudus. Kitalah yang sedang bersiap-siap untuk pernikahan itu. Makin Anda menyadari bahwa kitalah Mempelai Wanita Kristus dan ke mana arah perjalanan hidup

SURGA DAN NERAKA

kita, makin rindu pula Anda hidup dengan mengejar kekudusan pribadi saat ini.

Dalam bab ini sebelumnya saya tadi mengritik Agustinus, tetapi kini saya akan kembali kepadanya dengan mengutip ucapannya, yang menurut saya amat sangat benar. Dia pernah berkata, "Orang yang mencintai kedatangan Tuhan bukanlah yang menganggap kedatangan-Nya itu masih lama atau sudah dekat, melainkan yang menantikannya dengan iman yang tulus, pengharapan yang teguh, dan kasih yang menyala-nyala, entah masih lama atau sudah dekat." Dengan demikian itulah kita mempersiapkan diri. Amin.

Bab 3

KEDATANGAN KRISTUS KEMBALI (BAGIAN 3)

Kita tidak membahas masa depan yang akan segera terjadi dalam waktu dekat, tetapi masa depan yang pasti pada akhirnya nanti. Empat hal yang kita bahas ini adalah empat fakta yang pasti, yaitu peristiwa-peristiwa pasti pada masa depan yang akhir itu kelak. Orang Kristen biasa menyebut keempat hal ini Hal-Hal yang Terakhir, yang terdiri dari kedatangan Kristus kembali, Hari Penghakiman, neraka, dan surga. Dalam tiga bab berikutnya kita akan mengamati topik-topik yang lebih serius. Terlalu banyak orang Kristen saat ini hanya ingin menjilat lapisan gula di atas kue atau lapisan selai dari roti. Mereka tidak mengingini aspek yang lebih serius dari Alkitab.

Namun, kita kini tiba pada pembahasan tentang Hari Penghakiman. Suatu ketika, saya bersama istri sedang berada di kota Zurich dan mengunjungi gedung Katedral Zurich. Tepat di atas pintu sisi baratnya, ada pahatan dekorasi batu yang baru saja dicat. Pahatan itu melukiskan Hari Penghakiman. Ada gambaran banyak orang ditempatkan di sisi kanan dengan mengenakan pakaian putih, sementara banyak pula yang dilemparkan ke dalam api neraka di sisi kiri. Dengan kata lain, dengan pahatan itu diletakkan di atas pintu sisi barat, setiap kali kita datang untuk beribadah kita akan diingatkan pada Hari Penghakiman itu sambil kita memasuki gedung gereja. Memang baik jika kita tetap memikirkan Hari Penghakiman. Sebelumnya saya telah memberitahukan bahwa kedatangan Kristus kembali merupakan prediksi yang paling sering muncul di dalam Alkitab, tetapi yang kedua paling sering adalah Hari Penghakiman.

SURGA DAN NERAKA

Jika saya merujuk pada tiga teks saja di dalam Alkitab, itu sudah cukup. Paulus, yang sedang berkhotbah di Athena di Aeropagus lagi, berkata, "Tuhan telah menetapkan harinya ketika Dia akan menghakimi dunia dalam kebenaran oleh manusia yang telah ditunjuk oleh-Nya." Berikutnya, kita juga memiliki prediksi lain dari Paulus, dalam 2 Korintus pasal 5, ketika dia berkata, "Sebab kita semua harus menghadap takhta pengadilan Kristus, supaya setiap orang memperoleh apa yang patut diterimanya sesuai dengan yang dilakukannya dalam hidupnya ini, baik ataupun jahat." Frasa "dalam hidupnya ini" berarti dalam kehidupan yang sekarang ini. Ada pula ayat lain dalam Ibrani pasal 9, yang sangat kita kenal dan sering dikutip oleh para pengkhotbah: "... manusia ditetapkan untuk mati hanya satu kali saja, dan sesudah itu dihakimi." Artinya, setiap orang telah ditetapkan untuk dua hal, dan kita tidak dapat mencatat keduanya ke dalam buku agenda kita karena kita tidak tahu tanggalnya sama sekali.

Yang pertama, hari kematian kita; yang kedua, hari penghakiman kita. Keduanya bukan merupakan satu hari yang sama. Bahkan, masing-masing orang memiliki hari kematian yang berbeda, dan tanggal itu akan kita cantumkan di batu nisan nanti, jika kita nanti dikubur dengan nisan. Namun, Hari Penghakiman adalah tanggal yang sama bagi semua orang. Nah, kedua hari tersebut telah ditetapkan bagi kita masing-masing. Orang yang bijak akan memikirkan kedua hari itu, karena memikirkan hari kematian saja cenderung akan membuat kita berdosa. Memikirkan keduanya akan membuat kita menahan diri dari berdosa. Memikirkan hari kematian saja akan membuat kita beranggapan bahwa lebih baik kita makan, minum, dan berpesta pora selagi masih ada sisa hidup. Selama masih bisa, kita jadi ingin menikmati kesenangan dan kenikmatan sepuas-puasnya.

Padahal, jika kita ingat bahwa setelah kematian akan ada hari kedua yang telah ditetapkan itu, ketika kita dimintai pertanggungjawaban tentang cara hidup kita sekarang ini, kita akan mengalami efek yang berbeda dalam cara hidup. Ini

Kedatangan Kristus Kembali (Bagian 3)

bukanlah persoalan hitungan jumlah hari-hari kita saja secara kuantitas, melainkan mengatur hari-hari kita secara kualitas. Dan, itu penting. Saya menemukan bahwa secara keseluruhan, manusia tidak lagi takut mati. Manusia kini lebih takut mengalami proses menuju kematian, terutama jika proses itu nanti berlarut-larut atau menyakitkan. Namun, kematian itu sendiri tidak lagi ditakuti banyak orang. Mereka sangat tidak menyukainya, mereka akan menundanya selama mungkin dan menghindari membahasnya, tetapi saya menemukan hanya sedikit orang yang takut mati, karena saat ini kebanyakan orang telah berhenti percaya bahwa ada hari penghakiman setelah kematian.

Hari kedua yang telah ditetapkan itulah yang ditakuti orang sebenarnya, yang membuat mereka takut pada hari pertama yang telah ditetapkan, karena yang pertama itu adalah berakhirnya kesempatan untuk bersiap-siap sebelum yang kedua tiba. Padahal, meski kita tidak tahu kapan tibanya, hari penghakiman itu tetap saja mutlak pasti. Seperti telah saya sebutkan sebelumnya, kita perlu mengingat kedua hari tersebut. Sebaliknya, kita telah berusaha melupakan keduanya. Mengapa? Karena keduanya sangat nyata dan mengusik. Rasanya tidak nyaman ketika kita memikirkan hari kematian kita atau hari penghakiman kita, tetapi jika kita memikirkannya, jauh di dalam hati kita sebenarnya percaya bahwa hari penghakiman itu mutlak diperlukan dan benar nyata.

Ada bagian di dalam diri kita yang setuju bahwa penghakiman itu harus ada, oleh karena dua hal. Yang pertama, ketidakadilan dalam kehidupan ini; tidak ada orang waras yang dapat berkata bahwa kehidupan ini adil dan benar. Bahkan, salah satu hal pertama yang dikatakan anak-anak kecil adalah "itu tidak adil". Mereka mengatakannya dengan ekspresi wajah cemberut, dan kita pun kini menjalani kehidupan sambil sesekali mengatakan hal yang sama. Saya pernah diundang untuk menjenguk seorang pria di rumah sakit, yang ingin bertemu pendeta. Orang-orang mencarikan pendeta dan akhirnya menemukan saya, seorang gembala gereja Baptis. Maka, saya datang menjenguknya dan berkata, "Ada keperluan apa hingga Anda ingin bertemu pendeta?" Pria itu menyahut, "Mengapa Tuhan melakukan hal ini terhadap saya?"

Saya pun bertanya, "Maksud Anda? Apa yang Tuhan telah lakukan terhadap Anda?"

Dia menjawab, "Yah, ini saya sedang berada di rumah sakit, 'kan? Memangnya perbuatan apa yang telah saya lakukan sehingga saya layak diganjar seperti ini?"

Saya bertanya lagi, "Anda belum pernah dirawat di rumah sakit sebelumnya?"

"Belum," jawabnya, "Saya selalu hidup benar dan lurus."

Saya terus bertanya, "Berapa usia Anda?"

Pria itu berkata, "Sembilan puluh enam tahun."

Saya bertanya lagi, "Dan Anda belum pernah dirawat di rumah sakit sebelumnya?"

"Belum pernah. Mengapa Tuhan harus mengizinkan hal ini?"

Saya lagi-lagi bertanya, "Berapa lama Anda diperkirakan akan dirawat di sini?"

Dia berkata, "Sepuluh hari."

Di hadapan saya, pria tua itu terbaring dikelilingi wanita-wanita muda yang cantik yang menunggu perintah untuk memenuhi setiap kebutuhannya. Banyak orang akan rela mengorbankan ini-itu demi kondisi yang demikian, sedangkan dia sendiri sibuk memprotes, "Mengapa Tuhan melakukan hal ini terhadap saya? Ini tidak adil." Kehidupan memang tidak adil, dan tidak ada alasan yang masuk akal mengapa sebagian orang menderita begitu berat sedangkan sebagian lainnya tidak banyak menderita. Daud pun mengalami kondisi yang serupa. Dia menulis tentang kondisi itu dalam Mazmur 73. Katanya, "Mengapa orang jahat menikmati kemakmuran? Mengapa orang fasik meninggal pada usia lanjut di tempat tidur mereka, dalam keadaan bahagia dan sejahtera?" Dia juga berkata, "Aku telah berusaha menjaga hidupku tetap murni, tetapi tetap saja aku menderita sepanjang hari. Hidup ini sungguh tidak adil." Memang benar. Di dunia ini, kelihatannya orang yang tak bersalah menderita, sedangkan orang jahat lolos saja dengan kejahatannya. Orang tak bersalah itulah yang tumbang, jatuh, terkena tabrak lari, lalu pelakunya sering kali tidak dapat ditemukan.

Ketidakadilan dalam kehidupan ini menimbulkan tuntutan bahwa suatu hari kelak segala sesuatu akan dikembalikan pada kondisi yang benar, sehingga orang-orang jahat tidak dapat lolos lagi dengan kejahatan mereka. Jawaban Alkitab adalah ya; akan tiba waktunya ketika ketidakadilan dikembalikan menjadi adil. Tidak seorang pun akan lolos lagi dengan apa pun perbuatan mereka. Jauh di dalam lubuk hati kita, kita setuju bahwa penghakiman yang demikian itu perlu dilangsungkan. Ada tuntutan untuk itu karena ketidakadilan dalam kehidupan kita. Saya pernah berada di kota Palermo, Sisilia; itu adalah kota yang tingkat kejahatan pembunuhannya 200 kasus per tahun. Saat saya sedang di sana, 41 orang kepala mafia ditangkap dan mulai diadili, lalu juri memutuskan bahwa mereka semua bersalah. Namun, hakim menjatuhkan vonis bebas atas mereka semua. Dapatkah Anda membayangkan perasaan yang melanda seluruh kota itu ketika vonis itu dijatuhkan? Orang-orang mempertanyakan, "Di manakah keadilan?" Mereka pada akhirnya menjadi sinis dan seenaknya melanggar hukum, karena hidup benar ternyata tidak berguna sama sekali. Itulah perasaan banyak orang. Perasaan itulah yang menjadi alasan pertama mengapa harus ada Hari Penghakiman, ketika yang salah dikoreksi dan yang benar diberi upah.

Lalu, ada alasan lain pula mengapa perlu ada Hari Penghakiman: keadilan Tuhan sendiri. Tuntutannya bukan hanya dari ketidakadilan dalam kehidupan di dunia, melainkan juga dari keadilan Tuhan. Tuhan telah lama membiarkan kesalahan dan kejahatan berlangsung. Dia telah mengizinkan kita semua saling berbuat salah kepada sesama. Tampaknya Dia telah menutup mata terhadap semuanya itu, tetapi yang sebenarnya adalah Dia sedang mencatat setiap hal yang dilakukan manusia, sekecil apa pun.

SURGA DAN NERAKA

Jika Tuhan membiarkan kejahatan lolos tanpa menghukumnya, itu berarti Dia bukan Tuhan yang baik. Justru karena Dia Tuhan yang baik, harus ada Hari Penghakiman. Jika Dia menutup mata selamanya terhadap hal-hal yang dilakukan manusia, kita tidak dapat menyebut-Nya Tuhan yang baik. Lagi pula, Dia juga Raja atas seluruh semesta. Menjadi hakim adalah bagian dari fungsi dan peran seorang raja sejak zaman kuno, yaitu memutuskan keadilan di sidang terakhir.

Sampai hari ini pun, di negara Inggris seluruh sistem peradilan diputuskan atas nama kepala kerajaan (Ratu, saat buku ini ditulis). Itulah fungsi dan peran pemimpin kerajaan di sidang terakhir yang memutuskan keadilan. Tuhan adalah Raja dan Dialah yang memegang keputusan akhir dalam hal keadilan atas kita. Dia adalah Hakim pula. Benar, Dia adalah Bapa, tetapi Dia juga Raja dan Hakim. Keadilan-Nya menuntut agar ada Hari Penghakiman. Tuhan tidak dapat dipermainkan, menurut Alkitab. Apa yang ditabur orang, itulah pula yang akan dituainya. Akan ada waktunya tuaian itu dipanen. Akan ada hari penyataan, ketika segala sesuatu ditagih untuk dilunasi. Tuhan memang tidak menghakimi kita setiap hari Jumat sekarang ini. Suatu ketika, saya pernah bertanya kepada seorang pebisnis, "Mengapa Anda tidak takut Tuhan?" Dia berkata, "Karena Tuhan tidak mendesak saya dengan tekanan seperti yang dilakukan oleh pihak-pihak yang menagih saya," dan itulah jawabannya yang sejujurnya.

Tuhan memang tidak mendesak dan menekan kita sekarang, tetapi suatu hari kelak Dia akan ada di hadapan kita, dan keadilan-Nya akan menuntut suatu penghakiman atas kita. Dengan sifat moralitas di seluruh semesta ini, mengapa semua orang akan diadili bersama-sama pada Hari Penghakiman? Mengapa Tuhan tidak mengadili kita saat kita masing-masing meninggal, dan memutuskan saat itu entah kita masuk surga atau masuk neraka? Mengapa tidak begitu saja? Mengapa kita semua harus menunggu begitu lama setelah kematian sampai Hari Penghakiman itu tiba? Jawabannya sebenarnya sederhana saja. Jika keadilan

Kedatangan Kristus Kembali (Bagian 3)

akan ditegakkan, penegakan keadilan itu harus *terlihat*. Esensi keadilan adalah tidak ada hal yang disembunyikan atau ditutupi. Yang disembunyikan atau ditutupi justru adalah hal-hal yang tidak adil. Keadilan harus ditegakkan secara *terlihat*. Keadilan harus bersifat di hadapan publik, dan itulah sebabnya ada tempat duduk untuk para wartawan di setiap ruang sidang. Dengan kata lain, kebenaran pun harus diganjar dengan upah secara terlihat.

Karena itulah, Tuhan telah menetapkan suatu Hari Penghakiman, yang bersifat publik dan saat itulah kebenaran-Nya akan ditegakkan secara terlihat. Tidak akan ada lagi orang yang dapat mempersalahkan Tuhan karena menganggap-Nya tidak adil. Pada hari itu kelak, akan dijatuhkan tiga ganjaran. Pertama, ada ganjaran untuk Tuhan sendiri. Cobalah ingat, berapa sering kita telah mempersalahkan Tuhan untuk cara-Nya menjalankan roda kehidupan semesta ini? Mengapa Tuhan melakukan hal ini? Mengapa Tuhan mengizinkan hal itu? Mengapa Tuhan membiarkan bayi saya meninggal? Mengapa Tuhan membiarkan orang tua saya berpisah saat saya masih bayi? Mengapa, mengapa, mengapa? Dalam setiap "mengapa" yang kita pertanyakan itu, kita sedang berkata, "Tuhan, kami mampu menjalankan semesta ini dengan lebih baik daripada Engkau." Kita sedang mengritik jalan-jalan-Nya yang mengandung penyediaan bagi manusia. Kita sedang berkata, "Engkau bukan Raja yang baik. Kami sanggup melakukan tugas-Mu dengan lebih baik daripada yang Engkau lakukan."

Tuhan akan mendapatkan ganjaran dari segala kritik dan protes kita terhadap cara-Nya menjalankan semesta. Suatu hari kelak, kita akan melihat mengapa Dia melakukan dan memutuskan segala sesuatu, dan saat itu kita akan memahami bahwa Tuhan sepenuhnya benar. Kita akan melihatnya bersama Raja Nebukadnezar, yang pernah menjadi gila selama tujuh tahun sebelum akhirnya sadar dan mengakui Tuhan, lalu waras kembali dan bertakhta kembali dan berkata, "Tuhan, segala sesuatu yang Kaulakukan adalah benar." Suatu hari kelak, seluruh dunia akan tiba pada kesimpulan yang sama. Seluruh dunia akan menyaksikan bahwa sesungguhnya Tuhan layak menerima ganjaran baik karena segala sesuatu yang Dia lakukan dan putuskan adalah benar, dan segala hal yang Dia izinkan adalah benar. Bahkan, sebagian dari pengharapan Kristen kita adalah suatu hari kelak kita akan mengerti hal-hal yang sekarang belum kita mengerti; karena kita bukan Tuhan dan karena kita belum menggunakan cara pandang-Nya. Tuhan akan menunjukkan kebenaran-Nya. Ingatkah Anda ketika Abraham berdebat dengan Tuhan tentang Sodom dan keponakannya, Lot? Tuhan berkata, "Perlukah Aku memberi tahu Abraham apa yang akan Kulakukan, bahwa Aku akan menghancurkan kota itu?" Lalu, Dia menunjukkannya kepada Abraham, dan Abraham berkata, "Tuhan, jika ada lima puluh orang benar di kota itu, apakah Engkau akan menghancurkan mereka bersama seluruh kota itu?" Tuhan berkata, "Tidak."

"Jika ada empat puluh lima orang benar di kota itu, akankah Engkau menghancurkan mereka?"

"Tidak."

Empat puluh, tiga puluh, dua puluh, sepuluh... Abraham berusaha melindungi keponakannya, Lot, dengan berdebat dengan Tuhan demi menyelamatkan kota itu demi satu orang saja. Tahukah Anda apa yang Abraham katakan kepada Tuhan? "Bukankah Hakim seluruh bumi ini harus melakukan yang benar?" Ketika ada hal-hal yang tidak dapat Anda pahami, Anda benar-benar berhadapan dengan pertanyaan apakah iman Anda sungguh percaya bahwa Tuhan itu selalu benar.

Saat kehilangan anak bayi, tentu kita tidak dapat memahami alasannya. Apakah kita mengenal Tuhan dengan cukup mendalam sampai kita tahu bahwa yang Dia lakukan dan yang Dia izinkan itu selalu benar? Atau, kita justru mempertanyakan alasan-Nya? Apakah kita berkata, "Jika saya Tuhan, saya tidak akan membiarkan hal ini terjadi." Nah, pada Hari Penghakiman kelak, Tuhan akan menerima ganjaran baiknya: semua orang akan menyaksikan bahwa segala yang Dia lakukan itu benar.

Kedatangan Kristus Kembali (Bagian 3)

Betapa besar kelegaan yang kita rasakan ketika itu! Bukan hanya Tuhan yang akan menerima ganjaran karena terbukti benar saat Hari Penghakiman; Kristus pun akan menerima ganjaran-Nya. Tentu Anda tahu pendapat dunia ini tentang Kristus sekarang ini. Kebanyakan orang merasa tidak perlu memperhatikan Kristus sama sekali. Malah, mereka menjadikan nama-Nya kata makian, sehingga kita lebih sering mendengar nama "Yesus Kristus" dalam umpatan orang-orang tidak beriman daripada dalam ucapan orang-orang beriman. Di lokasi pekerjaan, misalnya, ketika ada pekerja yang tak sengaja mengenai tangannya saat memalu paku, pekerja itu mengumpat dengan nama Kristus. Mengapa orang-orang berani berbuat kurang ajar seperti itu?

Apa alasan mereka? Alasannya adalah karena mereka telah kecewa terhadap Kristus, mereka telah kehilangan pengharapan atas Dia. Mereka berkata kekristenan telah ada di dunia selama dua ribu tahun tetapi tidak ada dampak baiknya yang terjadi. Mereka merasa Gandhi melakukan lebih banyak hal baik bagi dunia, melebihi yang Yesus lakukan. Namun, suatu hari kelak Yesus akan menerima ganjaran baik yang layak bagi-Nya. Terakhir kali dunia melihat Yesus, Dia sedang dalam kondisi tak berpakaian dan sekarat di kayu salib. Namun, para Hari Penghakiman, dunia akan melihat Dia menerima ganjaran penghormatan yang layak; setiap lutut akan bertelut dan setiap lidah akan mengaku, bahwa Dialah Tuhan. Berikutnya, umat Tuhan juga akan mendapat ganjaran baik pada hari itu. Penderitaan orang Kristen selama ini sungguh berat. Saya sendiri merasa terguncang saat tahu jumlah orang Kristen yang mati tahun lalu karena iman kepada Yesus. Tahukah Anda ada berapa martir tahun ini (pada saat buku ini ditulis)? Kagetkah Anda jika saya katakan jumlahnya tiga ribu orang? Apakah Anda menganggap saya gila jika saya katakan jumlahnya tiga puluh ribu orang? Apa reaksi Anda jika saya katakan jumlahnya tiga ratus ribu orang?

Angka yang terakhir itu memang lebih besar daripada kenyataannya. Data perhitungan estimasi yang saya temukan menunjukkan ada 286.000 orang yang mati karena iman kepada Yesus dalam tahun lalu saja. Selama dua ribu tahun terakhir ini, tidak ada satu tahun pun berlalu tanpa ada orang-orang yang mati karena mengasihi Tuhan. Dunia telah menyingkirkan orang-orang itu. Dunia ini sungguh tidak layak bagi mereka. Namun, para Hari Penghakiman, umat Tuhan akan diganjar dan dibuktikan benar. Semua orang yang telah menderita bagi Kristus akan terbukti benar. Keadilan akan ditegakkan dan terlihat serta diakui oleh semua orang. Itulah sebabnya harus ada Hari Penghakiman; meski dengan semua alasan di baliknya, tetap saja ada sesuatu di dalam diri kita yang menolak pentingnya hari tersebut. Jika kita berani bersikap lebih jujur, kita suka ada Hari Penghakiman untuk semua orang lainnya, asalkan diri kita sendiri tidak turut dihakimi. Yang kita nilai salah pada orang lain itu kita maklumi pada diri kita sendiri. Kita sungguh ingin melihat orang lain dihukum atas hal-hal yang sebenarnya kita sendiri juga perbuat. Betapa luar biasa "miring"-nya cara pandang kita ini! Tentu saja, ilmu pengetahuan telah memberi kita berbagai dalih untuk hal-hal yang kita perbuat. Ada dalih-dalih unsur keturunan dan pengaruh lingkungan. Biologi berkata kita ini buah dari kondisi genetika kita. Psikologi dan sosiologi berkata kita ini hasil dari pola asuh saat kita tumbuh besar. Memang, sekarang ini ada ucapan yang seolah telah menjadi tren, "Saya tidak berdosa. Saya hanyalah korban. Saya ini pasien, orang sakit. Saya butuh disembuhkan, bukan butuh diampuni."

Nah, saya pernah terlibat dalam sidang pengadilan banyak kasus, dan saya menemukan bahwa pada tingkat tertentu, cara terjitu untuk meloloskan seseorang dari hukuman adalah mendatangkan psikiater untuk mengajukan permohonan bebas karena orang tersebut dinilai tidak mampu bertanggung jawab atas perbuatannya, karena dia adalah korban atas perlakuan yang menimpanya. Lalu, pastilah orang itu akan divonis mendapat perawatan, bukannya hukuman. Kita telah mengalami banyak sekali hakim terkesan dengan permohonan yang demikian.

Kedatangan Kristus Kembali (Bagian 3)

Saya sendiri telah mencoba membantu dalam sidang pengadilan semacam itu dengan berkata, "Anda harus mengambil tanggung jawab. Terima konsekuensinya." Sebenarnya, setiap orang adalah hasil dari pilihan-pilihan yang diambilnya. Tahukah Anda bahwa setiap orang yang berusia lebih dari 40 tahun sepenuhnya bertanggung jawab atas bagaimana rupa wajahnya?

Mungkin Anda bisa tertawa membaca perkataan saya ini, tetapi banyak orang tidak menyukainya. Jika Anda telah berusia 40 tahun lebih dan tidak menyukai rupa wajah Anda sendiri yang terlihat di cermin setiap pagi, Anda tahu siapa yang bersalah. Sampai usia 40 tahun, kita memiliki ciri-ciri raut wajah bawaan lahir, tetapi setelah usia itu ekspresi kita sendiri menetap menjadi rupa wajah kita. Kita bertanggung jawab atas bagaimana jadinya diri kita. Saya ingat, suatu ketika ada pria di kursi saksi ruang sidang berkata kepada sang hakim, "Yang mulia, saya terjeblos ke dalam pergaulan yang salah." Saya memperhatikan bahwa dia tidak berkata, "Saya memilih teman-teman yang salah." "Saya terjeblos ke dalam pergaulan yang salah" berarti dia tidak berdaya apa-apa dan "penjeblosan" itu terjadi begitu saja. Banyak sekali orang yang kita kenal telah bangkit keluar dari latar belakang masa lalu mereka, atau justru jatuh begitu dalam lebih hina daripada latar belakang masa lalu mereka; maka, latar belakang masa lalu seseorang bukanlah faktor penentu kondisi hidupnya. Faktor pembentuk karakter kita yang sesungguhnya adalah pilihan-pilihan yang kita ambil sambil kita menjalani kehidupan ini. Anda dan saya merupakan hasil dari semua pilihan itu, dan Hari Penghakiman akan menyatakan bahwa kita bertanggung jawab. Saya dapat yakin menyatakan suatu prinsip yang mutlak, bahwa kita sama sekali tidak perlu takut dipersalahkan untuk sesuatu yang bukan merupakan tanggung jawab kita. Tuhan tidak akan pernah mempersalahkan kita untuk sesuatu yang berada di luar tanggung jawab kita. Tidak mungkin. Yang bukan tanggung jawab kita itu tidak perlu dikhawatirkan sama sekali.

Justru, yang perlu dikhawatirkan adalah yang merupakan

SURGA DAN NERAKA

tanggung jawab kita. Kita tidak perlu takut ada salah putusan dalam sidang pengadilan saat Hari Penghakiman kelak. Tidak akan ada hal semacam itu. Tuhan tidak akan pernah mempersalahkan siapa pun untuk apa pun yang bukan merupakan tanggung jawabnya. Namun, Dia akan mempersalahkan kita atas hal-hal yang merupakan tanggung jawab kita, baik hal-hal yang tidak kita lakukan maupun hal-hal yang kita lakukan; dan kita akan melihatnya nanti. Seorang anak kecil berkata kepada gurunya di sekolah, "Bu Guru, Ibu tidak akan menghukum saya karena sesuatu yang tidak saya lakukan, 'kan?"

Gurunya berkata, "Tentu tidak." "Nah, saya belum mengerjakan PR," kata anak itu! Dosa mencakup hal-hal yang tidak dilakukan juga, bukan hanya yang dilakukan.

Ada doa Anglikan yang salah satu bagiannya berbunyi, "... dan hal-hal yang telah kami perbuat yang seharusnya tidak boleh kami perbuat, serta hal-hal yang tidak kami perbuat yang seharusnya kami perbuat." Ketakutan terbesar akan melanda orang-orang yang berkata "Saya tahu saya memang jahat," selain orang-orang yang berkata, "Saya sebenarnya tidak terlalu jahat." Seiring usia bertambah, ketakutan itu akan makin besar, karena orang yang makin menua akan makin mengenal dirinya sendiri dan menyadari keadaan dirinya. Apalagi, manusia memang makhluk yang sangat berpusat pada diri sendiri.

Kekhawatiran utama kita biasanya adalah perasaan kita, lalu yang kedua perasaan orang lain, lalu yang terakhir barulah perasaan Tuhan. Ada banyak orang yang sama sekali tidak menyadari bahwa Tuhan pun punya perasaan. Padahal, Alkitab penuh dengan catatan tentang perasaan Tuhan. Saya harap Anda dapat melihat perbedaan puisi dan prosa dalam Alkitab Anda. Dalam Alkitab, prosa terlihat seperti berita di koran, dengan teks yang alurnya berurutan dan baris demi baris berlanjut terus seperti biasa. Namun, puisi terlihat berbeda; baris-barisnya lebih pendek dan ada spasi yang lebih besar di antara baris-baris itu. Anda akan melihat perbedaannya. Semoga saja Alkitab Anda

Kedatangan Kristus Kembali (Bagian 3)

dicetak dengan perbedaan yang demikian, karena ada alasan penting mengapa kadang Tuhan berbicara kepada kita dalam format prosa dan kadang dalam format puisi. Saat Tuhan berbicara dalam format prosa, Dia menyampaikan pemikiran-Nya, dari pikiran-Nya kepada pikiran manusia, melalui prosa itu. Namun saat Tuhan mengungkapkan perasaan-Nya, dari hati-Nya kepada hati manusia, Dia menggunakan format puisi. Bukankah hal yang sama kita lakukan pula saat jatuh cinta, kita menulis puisi karena ingin mengungkapkan perasaan alih-alih pemikiran belaka? Alkitab penuh dengan ungkapan perasaan Tuhan. Kita dapat menemukan hal-hal yang membuat Tuhan sedih, gembira, muak, maupun marah. Hari Penghakiman terkait sangat erat dengan kemarahan Tuhan. Ada dua kata dalam Perjanjian Baru yang berarti kemarahan. Yang pertama berarti kemarahan yang lambat dan mengendap di dalam, mendidih perlahan tanpa terungkap. Kemarahan semacam itu tersimpan dalam-dalam di hati dan menetap. Yang kedua berarti kemarahan yang meledak dengan cepat, yang langsung meluap dan biasanya cepat padam pula.

Nah, Anda sendiri lebih sering bermasalah dengan kemarahan jenis yang mana? Apakah Anda punya masalah kemarahan yang mendalam dan menetap? Apakah orang-orang tidak tahu Anda marah padahal Anda sebenarnya memendam kemarahan itu? Atau, Anda biasa cepat meledak marah? Mungkin juga Anda bermasalah dengan keduanya. Menurut Anda, yang mana kemarahan Tuhan, yang lambat dan menetap atau yang cepat meledak lalu padam? Jawabannya: keduanya. Sebagai ilustrasi, pernahkah Anda merebus air di atas kompor lalu perhatian Anda teralihkan karena ada tamu datang dan tiba-tiba air itu meluap keluar dari panci?

Jika Anda tidak meninggalkan panci itu, tetap mengawasinya, tentu airnya tidak akan meluap keluar, karena Anda akan melihat gelembung-gelembungnya yang muncul saat proses mendidih. Begitu air itu mendidih, Anda pasti melihatnya dan langsung mematikan api kompor sebelum air itu meluap. Namun, karena

SURGA DAN NERAKA

perhatian Anda teralihkan, proses mendidih itu terkesan sangat cepat hingga airnya langsung meluap ke mana-mana dan Anda harus membersihkan kompor serta meja dapur. Nah, demikianlah kemarahan Tuhan saat ini: dalam proses mendidih. Itulah sebabnya banyak orang tidak memperhatikannya. Padahal, kemarahan itu ada dan semua gejala bahwa Tuhan marah kepada kita sudah ada. Cobalah baca Roma pasal 1, maka Anda akan menemukan gambaran apa yang terjadi di tengah-tengah masyarakat jika Tuhan marah kepada mereka dan mengungkapkan kemarahan-Nya yang sedang dalam proses mendidih itu. Tanda-tandanya bukan bencana-bencana yang hebat, melainkan hal-hal lain. Secara khusus, tandanya adalah orang-orang mulai menunjukkan hawa nafsu yang tidak terkekang, sehingga makanan dan seks menjadi obsesi.

Saat Tuhan marah kepada suatu kelompok manusia, orang-orang di sana tidak hanya menunjukkan perilaku hawa nafsu yang tidak terkekang tetapi juga hubungan yang tidak wajar, secara khusus hubungan sesama jenis. Semuanya itu ada di dalam Roma pasal 1. Itulah yang terjadi pada tubuh orang-orang saat Tuhan marah kepada masyarakat itu. Yang terjadi di dalam pikiran mereka pun ada; mereka mulai hidup dalam perilaku yang antisosial. Daftarnya ada di dalam Roma pasal 1, dan kekacauannya melebihi daftar kejahatan di kantor polisi mana pun, termasuk berbagai perilaku antisosial, pemberontakan terhadap pemerintah, ketidaktaatan terhadap orang tua. Perilaku antisosial itu sendiri bentuknya banyak sekali, dan ujungnya menghasilkan suatu kehidupan bermasyarakat yang penuh kekerasan dan tanpa aturan hukum.

Jika semua itu merupakan tanda-tanda proses mendidihnya kemarahan Tuhan, orang yang berkata masyarakat kita saat ini masih baik-baik saja dan Tuhan tidak sedang marah kepada kita tentu orang yang terlalu nekat. Tanda-tanda itu jelas sekali bagi orang yang sungguh-sungguh mengamati, tetapi banyak orang lebih suka menganggap Tuhan tidak punya perasaan,

Kedatangan Kristus Kembali (Bagian 3)

maka mereka tidak memperhatikan sama sekali tanda-tanda kemarahan Tuhan yang sedang mendidih itu. Padahal, konsep Hari Penghakiman dalam Perjanjian Baru adalah hari ketika kemarahan Tuhan akhirnya tumpah meluap. Hari itu disebut hari kemurkaan Tuhan. Itulah hari ketika pada akhirnya kemarahan Tuhan meledak dan semua orang jadi tahu bahwa Tuhan sungguh marah, terlepas dari sebelumnya mereka menyadarinya atau tidak. Itulah pandangan yang menarik tentang Hari Penghakiman: hari meluapnya kemarahan Tuhan. Kita sering mendengar atau membaca tentang betapa pada hari itu orang-orang akan berseru kepada gunung-gunung agar menimpa mereka supaya mereka mati saja dan tidak perlu menghadapi luapan kemarahan Tuhan dan Anak-Nya, Yesus. Orang-orang akan berkata, "Selamatkan kami, jatuhlah menimpa kami supaya kami tidak perlu tertimpa murka Anak Domba dan murka Tuhan." Dapatkah Anda membayangkan situasinya, ketika orang-orang lebih suka remuk dan mati tertimpa gunung dalam gempa bumi daripada menghadapi kemarahan dua Pribadi ilahi itu: Tuhan dan Anak-Nya? Gambaran yang suram itu seharusnya menyadarkan kita. Berikutnya, Roma pasal 1 berlanjut ke Roma pasal 2. Dalam pasal 2 itu, ada penjelasan lebih lengkap tentang hari kemurkaan Tuhan dan peringatan agar kita memperhatikan kemarahan-Nya yang sekarang ini lalu menghadapinya serta menyelesaikan masalah yang menjadi penyebabnya saat ini juga, supaya kita tidak menumpuk kemarahan-Nya atas kita hingga meluap pada hari kemurkaan itu.

Inilah beberapa hal yang dikatakan dalam Roma pasal 2. Pertama, Hari Penghakiman akan menimpa setiap orang tanpa kecuali. Semua manusia yang pernah hidup akan dibangkitkan dari kematian. Kebangkitan itu bukan hanya berlaku atas mereka yang beriman, melainkan juga orang-orang jahat. Setiap orang akan mendapat tubuh jasmani yang baru. Setelah kebangkitan semua orang mati, penghakiman akan dilangsungkan. Tidak peduli apakah kita orang penting atau orang kecil, posisi kita tinggi atau hina, kita terkenal atau bukan siapa-siapa. Setiap orang akan berhadapan dengan penghakiman itu secara pribadi. Kita tidak akan didampingi oleh siapa pun pada hari itu. Kita tidak akan bisa bersembunyi di balik siapa pun pada hari itu. Kita akan berdiri sendirian.

Itulah salah satu ajaran Alkitab yang paling jelas, bahwa meskipun kita semua akan bersama-sama dalam kumpulan besar pada hari itu, setiap orang akan dihakimi secara pribadi dan sendirian, terpisah dari kerabat dan keluarga dan teman-teman kita; benar-benar sendirian. Itulah yang pertama: penghakiman akan menimpa setiap orang. Kedua, seperti yang telah saya sebutkan sebelumnya, kita tahu bahwa Yesuslah yang akan menjadi Hakim, bukan Bapa. Yesus dalam wujud Manusia akan menjadi Hakim atas kita. Saya tidak yakin bahwa hal itu merupakan kabar yang melegakan, karena justru satu-satunya pribadi yang mengenal kita dengan jelas luar-dalam adalah Yesus. Dia tahu segala sesuatu yang ada di dalam hati manusia. Ketiga, bukti apa yang akan dipertimbangkan dalam sidang penghakiman itu? Bukti apa yang akan menentukan kita bersalah atau tidak bersalah?

Nah, saya bisa memberitahukan apa yang *tidak akan diterima* sebagai bukti. Yang pertama, penampilan kita tidak akan diterima sebagai bukti. Bagaimana kita terlihat dari luar oleh orang lain tidak akan diterima sebagai bukti, karena sejujurnya kebanyakan dari kita 'toh dapat menipu orang lain, setidaknya dengan penampilan luar kita meski tidak senantiasa. Apa yang kita tampilkan di luar dan apa yang kita sembunyikan di dalam bisa saja berbeda. Kita bisa saja menutup rapat-rapat apa yang kita simpan di dalam ruang pribadi kita di dalam. Namun pada hari itu, penampilan luar tidak akan ada gunanya, karena Tuhan sama sekali tidak mementingkan penampilan luar.

Yang kedua, pengakuan kita tidak akan diterima sebagai bukti. Banyak sekali orang mengaku mengasihi Tuhan, mengaku beriman, dan berkata, "Tuhan, bukankah saya telah mengusir

Kedatangan Kristus Kembali (Bagian 3)

setan dalam nama-Mu?" Semua itu hanyalah pengakuan, tetapi pada Hari Penghakiman, yang kita akui tidak lagi relevan. Pengakuan kita tentang diri kita sendiri tidak akan diterima. Yang ketiga, reputasi kita tidak akan diterima sebagai bukti. Kita tidak akan lagi dapat berkata, "Yesus, tanyakan saja kepada Pak Anu dan Bu Itu. Mereka punya pendapat yang berbeda mengenai diri saya." Reputasi sama sekali tidak berguna pada Hari Penghakiman. Lalu, apa yang akan diterima sebagai bukti? Jawabannya ada dua: perbuatan kita dan perkataan kita, yaitu apa saja yang telah kita perbuat dan kita katakan.

Alkitab berkata jika perkataan kita tidak pernah salah kita adalah manusia sempurna, maka prinsip tersebut patut kita terapkan untuk menguji kekudusan diri kita. Siapa dari antara kita yang akan senang jika ada layar besar yang menampilkan rekaman seluruh kehidupan kita, sehingga segala sesuatu yang kita lakukan kini terpampang jelas kepada semua orang. Atau, jika segala sesuatu yang pernah kita katakan, termasuk secara rahasia, direkam dan diperdengarkan kepada semua orang... Tentu semua teman kita akan segera meninggalkan kita! Yesus sendiri berkata bahwa setiap kata sia-sia yang kita ucapkan akan dibawa ke sidang penghakiman itu. Kebenaran itu patut kita renungkan. Kata-kata sia-sia adalah kata-kata yang keluar dari mulut kita saat kita tidak mengendalikan diri, misalnya saat kita kelelahan atau terlalu marah. Untuk setiap kata sia-sia yang kita ucapkan, kita akan dihakimi.

Itulah buktinya yang menunjukkan siapa diri kita, dan Tuhan itu adil. Tuhan tidak membeda-bedakan orang sama sekali. Saya rasa salah satu hal paling serius yang pernah Yesus katakan tentang Hari Penghakiman adalah bahwa hari itu akan menjadi hari ketika segala rahasia manusia dihakimi. Pernah pula Yesus mengatakannya dengan cara berbeda, yaitu bahwa apa yang pernah dibisikkan di kamar-kamar tidur akan diserukan dari loteng-loteng rumah, dan itulah hari ketika segala rahasia manusia dihakimi, termasuk segala sesuatu yang hanya diketahui Tuhan dan tidak diketahui manusia. Wah, rahasia tentu bukan merupakan topik yang terasa nyaman untuk dibuka terang-terangan!

Berikutnya, kita juga tahu bahwa Tuhan itu begitu adil, sehingga Dia akan menghakimi orang berdasarkan terang yang telah orang itu terima, dan itulah jawaban untuk semua pertanyaan tentang belum pernah mendengar kebenaran. Banyak orang pernah bertanya kepada saya, "Bagaimana dengan mereka yang belum pernah mendengar tentang Yesus?" Saya selalu menjawab, "Maukah Anda menjadi misionaris?" Saya menemukan bahwa orang-orang yang selalu menanyakan hal itu pun tidak mau pergi menjadi pihak yang mengabarkan Yesus kepada kelompok yang dimaksud itu. Mereka hanya ingin mencari-cari kesalahan dalam kekristenan. Mereka sama sekali tidak berniat pergi memberitakan Kabar Baik kepada orang-orang yang belum pernah mendengarnya. Padahal, jawabannya di dalam Alkitab sudah jelas: mereka yang belum pernah mendengar kebenaran tidak akan dihakimi karena belum pernah mendengar kebenaran. Bahkan, Paulus pun berkata dengan cukup tegas bahwa orang-orang yang hanya pernah mendengar tentang Sepuluh Perintah Tuhan akan dihakimi berdasarkan Sepuluh Perintah Tuhan itu saja.

Orang-orang yang sama sekali belum pernah mendengar tentang Sepuluh Perintah Tuhan akan dihakimi berdasarkan kebenaran dan kesalahan menurut hati nurani mereka sendiri saja. Bukankah itu adil? Itu sepenuhnya adil. Tuhan hanya akan mengadili berdasarkan terang yang pernah diterima seseorang. Masalahnya, setiap orang sudah pernah menerima terang itu meski kadarnya berbeda-beda, dan menurut Paulus dengan dua cara secara khusus: terang dari hati nurani di dalam diri serta terang dari karya ciptaan Tuhan di luar diri. Dari karya ciptaan Tuhan, manusia sudah pasti tahu bahwa ada kuasa yang lebih besar daripada diri mereka sendiri; dan dari hati nurani, mereka pun pasti tahu bahwa kuasa itu merupakan kuasa yang bersifat moral dan berurusan dengan kebenaran dan kesalahan. Maka,

Kedatangan Kristus Kembali (Bagian 3)

yang dibutuhkan setiap orang agar dipandang layak bebas dari hukuman di hadapan Tuhan adalah berkata, "Tuhan, saya telah senantiasa melakukan apa yang benar menurut hati nurani saya." Itu saja, tetapi apakah kita bisa melakukannya? Itulah masalah sesungguhnya. Tidak ada satu orang pun di bumi ini yang memiliki konsep benar dan salah yang sempurna. Alkitab berkata bahwa Tuhanlah yang menuliskan hukum-Nya di dalam hati manusia.

Bukti bahwa manusia memiliki hati nurani adalah mereka sangat cepat menyatakan orang lain bersalah. Pernahkah Anda menyadarinya? Jika Tuhan hanya menghakimi diri Anda karena hal-hal yang Anda katakan dan nilai pada diri orang lain, bukankah itu cukup untuk menyatakan Anda bersalah? Betapa cepatnya kita menghakimi orang lain atas hal-hal yang kita sendiri pun bersalah. Psikologi pun menyatakan bahwa orang cenderung lebih cepat mengritik orang lain, bahkan atas hal-hal yang kita sendiri lakukan maupun ingin lakukan. Orang-orang yang tumbuh besar di lingkungan masyarakat di negara Kristen akan dihakimi berdasarkan terang yang telah mereka terima. Orang-orang yang tumbuh besar di lingkungan masyarakat dengan iman Yahudi akan dihakimi berdasarkan terang yang telah mereka terima. Orang-orang yang tumbuh besar di lingkungan masyarakat yang menyembah berhala akan dihakimi berdasarkan terang yang telah mereka terima. Semua orang 'toh telah menerima terang.

Itulah sebabnya ada tingkatan-tingkatan hukuman di dalam Alkitab, dan Sodom serta Gomora menerima hukuman yang lebih ringan daripada Kapernaum, karena Sodom serta Gomora tidak pernah menerima Yesus dan tidak pernah mengalami mukjizat-mukjizat-Nya seperti yang dialami Kapernaum. Meskipun kota Sodom dan Gomora kini telah terhapus dari muka bumi sama seperti kota Kapernaum, Betsaida, dan Korazim, ketiga kota yang disebut terakhir itu telah menerima terang yang jauh lebih jelas dan mereka akan dihakimi berdasarkan terang yang telah diterima itu. Sekali lagi, Tuhan tidak akan menghakimi kita berdasarkan apa yang tidak kita ketahui atau terang yang belum pernah kita terima. Masalahnya adalah setiap orang telah menerima terang yang cukup untuk mengetahui benar adalah benar dan salah adalah salah. Lalu, bagaimana putusan-Nya nanti pada hari itu? Hanya akan ada satu putusan. Setiap orang akan diputuskan bersalah. Hanya putusan itulah yang dapat dijatuhkan.

Lantas, mengapa perlu ada segala kehebohan Hari Penghakiman itu jika semua orang 'toh akan diputuskan bersalah saat semua kitab dan catatan dibuka? Ada sebuah acara yang sangat menarik menurut saya. Judulnya *This is Your Life* (Inilah Hidup Anda). Suatu ketika, seorang pria tampil dalam acara itu, dan saya mengenal pria itu secara pribadi. Saya tahu dia penipu. Dia adalah salah satu pegawai yang bekerja untuk kakek-nenek saya. Saya sangat mengenal sifatnya. Namun, dalam acara itu dia tampil sebagai pahlawan dan orang benar yang suci. Menonton acara itu menjadi sangat menjengkelkan bagi saya. Bahkan jika Anda pun membaca artikel-artikel tentang acara itu Anda akan tahu bahwa telah ditemukan hal-hal yang mengerikan. Para periset benar-benar menggali kebenarannya, lalu menyensornya dengan sangat cermat dan memilih bagian-bagian yang baik saja untuk ditampilkan.

Namun, tenang saja, suatu hari kelak kitab yang terpenting akan dibuka, dan di dalamnya ada kehidupan kita masing-masing dan segala sesuatu tentang kehidupan kita. Bukan hanya bagian-bagian yang baik dan bukan hanya bagian-bagian yang pernah diketahui atau dipikirkan orang lain tentang kita. Segala sesuatunya ada di dalam kitab itu. Bagaimana perasaan Anda jika kitab itu dibuka? Nah, kabar baiknya, ada kitab yang lain juga yang akan dibuka pada Hari Penghakiman. Judulnya Kitab Kehidupan Sang Anak Domba. Di dalam kitab yang kedua itu ada nama semua orang jahat yang telah menjadi keluarga Yesus. Nama semua orang itu telah dicatat di dalam kitab itu dengan jaminan nama Yesus, sehingga menjadi orang benar yang layak bebas dari hukuman, karena Yesus telah menjalani kehidupan yang

Kedatangan Kristus Kembali (Bagian 3)

sempurna bagi setiap orang itu. Itulah satu-satunya pengharapan kita pada hari itu.

Dalam bab berikutnya, saya akan menunjukkan kenyataan yang tidak enak didengar: bahwa nama kita bisa dihapus dari kitab kehidupan itu. Di sisi lain, jika nama kita tidak dihapus dan tetap tercatat di dalamnya, pada Hari Penghakiman kita akan dibebaskan dari hukuman. Luar biasa, bukan? Di bagian berikutnya dalam buku ini saya akan menjelaskan mengapa nama kita bisa dihapus dari kitab itu. Nama kita di dalam kitab kehidupan Yesus merupakan satu-satunya pengharapan bagi kita semua: saya, Anda, dan setiap orang lain; ketika kitab catatan kehidupan kita sendiri dibuka. Saya sangat berharap bahwa nama saya tetap ada di dalam kitab kehidupan Yesus itu. Jika benar demikian, nama saya akan tercatat di bawah nama Yesus dan tertutupi dengan kehidupan-Nya, bukan ternoda oleh kehidupan saya sendiri. Dengan demikianlah Tuhan dapat membebaskan saya dari hukuman. Menurut saya, merenungkan Hari Penghakiman adalah hal yang sehat.

Mengingatkan orang lain bahwa ada dua hari yang telah ditetapkan bagi kita semua pun sehat: hari kematian kita dan hari ketika kita semua harus berdiri menghadap Yesus lalu dihakimi menurut kehidupan kita di dunia ini. Lalu, apa yang ada setelah hari itu? Nah, ada dua kemungkinan, karena hanya ada dua kemungkinan putusan pula: bersalah atau tidak bersalah. Dalam dua bab berikutnya kita akan mengamati apa yang akan terjadi pada orang-orang yang bersalah, lalu menutup pembahasan dengan apa yang akan terjadi pada orang-orang yang dibebaskan dari hukuman.

Bab 4

NERAKA SEBAGAI PENGHUKUMAN (BAGIAN 1)

Suatu ketika, saya berkhotbah di hadapan jemaat anjing-anjing, yang kebanyakan merupakan anjing ras Labrador; semua anjing itu memperhatikan khotbah saya dengan baik. Percayakah Anda? Itu adalah kebaktian yang mengundang jemaat tamu, dan setiap anjing itu mendampingi orang buta. Nah, sekarang Anda percaya? Seharusnya Anda percaya sejak awal tadi! Saat itu diadakan pawai tahunan yang disebut *"Torch Trust"* (Obor Kepercayaan) untuk orang buta, dan banyak dari orang buta itu didampingi oleh anjing penuntun. Orang buta biasanya mendengarkan sambil memiringkan kepala ke arah satu sisi, dan kali itu anjing-anjing mereka juga ikut mendengarkan, termasuk mengamati sang pengkhotbah berbicara sambil menggerak-gerakkan tangan. Saat berkhotbah, yang saya lihat pada jemaat itu adalah mata para anjing yang sedang memandangi saya. Pagi itu, saya telah bertanya kepada Tuhan tentang topik apa yang harus saya sampaikan kepada jemaat orang buta itu. Tuhan berkata, "Berkhotbahlah tentang neraka."

Saya pun berpikir, "Wah, saya tak mungkin melakukannya. Mereka 'kan cacat, hidup menderita, tentu mereka butuh perkataan penghiburan dan kekuatan," lalu Tuhan berkata lagi, "Berkhotbahlah tentang neraka." Jadilah, saya membahas salah satu ayat dari perikop Khotbah di Bukit. "... lebih baik bagimu jika satu dari anggota tubuhmu [matamu] binasa, daripada tubuhmu dengan utuh [kedua mata berfungsi] dicampakkan ke dalam neraka." Saya bertanya, "Apakah Anda sebagai orang buta pernah berdoa bagi kami yang tidak buta, karena kebanyakan godaan dosa muncul dari penglihatan?" Hal semacam itu disebut "dosa mata".

Salah seorang wanita lansia yang hadir, usianya 84 tahun, buta sejak lahir dan tidak pernah melihat seumur hidupnya. Dia menjadi sangat pahit hati karena kebutaannya. Namun, untuk pertama kali seumur hidupnya, dia lalu menjadi kasihan kepada saya karena saya dapat melihat. Seluruh kepahitan lenyap dari dalam hatinya, dan dia membuka hatinya kepada Tuhan. Dalam perjalanan pulang dengan bus, dia terus-menerus menyanyikan lagu-lagu gereja. Ternyata, dia lalu meninggal pada hari Kamis setelah kebaktian itu, maka pribadi pertama yang dilihatnya adalah Yesus. Itu bukanlah kali pertama saya berkhotbah tentang neraka, tetapi saya memang tidak terlalu sering membahas neraka. Pernahkah Anda menyadari bahwa hanya sangat sedikit pengkhotbah saat ini yang membahas neraka? Sepertinya, topik neraka sudah hilang begitu saja. Bahkan, jika Anda ingin mendengar kata "neraka", Anda harus berada di tengah-tengah lingkungan orang yang tak beriman, karena merekalah yang selalu mengucapkan kata itu. Kata "neraka" kini menjadi makian saja, yang diucapkan orang dengan ringan dan tanpa rasa takut lagi, dengan begitu sering hingga kehilangan makna aslinya.

Ada seorang tokoh di Amerika Serikat yang bernama Charlie *"Dry Hole"* Woods. Julukan di tengah namanya itu berarti "lubang yang kering". Saya yakin Anda belum pernah mendengar tentangnya. Dia dijuluki "lubang yang kering" karena selalu menggali tanah di halaman belakangnya untuk mencari sumber minyak, tetapi tidak pernah menemukannya. Namun, akhirnya suatu saat dia benar-benar menemukan sumber minyak yang terbesar di California, yang menyemburkan minyak sebanyak sekitar 18.000 barel setiap hari (bahkan sampai 85.000 barel pada kondisi puncaknya). Maka, tidak ada lagi orang yang mengejek Charlie Woods. Lalu, setelah sumber minyak yang ditemukannya itu menyemburkan minyak mentah berwarna hitam, dia pun

Neraka sebagai Penghukuman (Bagian 1)

diwawancarai oleh para jurnalis. Dalam wawancara itu, dia bercerita, "Wah, seperti neraka. Benar-benar neraka. Bunyi gemuruhnya seperti neraka. Gelembungnya naik, arusnya deras, dan semburannya menyapu dengan kuat, seperti neraka. Sangat kacau dan tidak bisa dikendalikan, seperti neraka. Hitam dan panas seperti neraka." Apakah Anda juga merasa penggunaan kata "neraka" itu berlebihan?

Kata itu diucapkan begitu sembarangan hingga tidak ada lagi rasa takut yang terkait. Artinya menjadi jauh berbeda dengan yang sesungguhnya. Itulah salah satu penyebab dunia kini tertawa saja saat mendengar tentang neraka. Penyebab yang kedua adalah dunia menertawakan gagasan tentang neraka karena neraka telah menjadi topik lelucon. Sebenarnya, hal itu juga sebagian merupakan tanggung jawab Gereja untuk berkomunikasi, agar orang-orang di luar Gereja tahu arti neraka, di tengah-tengah begitu banyaknya lelucon yang disampaikan para pelawak tentang neraka, tentang suhunya, tentang orang-orang yang ada di dalamnya, dan tentang segala sesuatunya. Karena itulah, kewaspadaan terhadap neraka hilang dan orang tidak lagi merasa takut. Neraka juga telah ditafsirkan ulang dengan arti yang bersifat eksistensial. Yang saya maksud adalah ketika banyak orang berkata tentang "neraka dunia karena kesalahan diri sendiri". Pernahkah Anda mendengar kata-kata itu? Nah, akibatnya ada dua.

Yang pertama, neraka jadi seolah-olah ada di dunia, sehingga kita tidak perlu takut akan apa yang ada setelah kematian. Yang berikutnya, Tuhan atau Yesus jadi dianggap tidak lagi memegang keputusan untuk memasukkan orang ke dalam neraka, karena orang bisa saja berulah sendiri menciptakan neraka dunia. Seolah-olah, masuk neraka merupakan keputusan diri sendiri dan bukan keputusan Tuhan. Sekali lagi, kewaspadaan terhadap neraka jadi hilang perlahan-lahan. Demikian itulah masyarakat pada umumnya membahas atau menyebut neraka. Yang lebih luar biasa lagi, Gereja pun berhenti membahas neraka. Topik neraka seolah-olah sudah tidak ada. Sesaat lagi kita akan melihat sisi seriusnya, bahwa banyak pengkhotbah, termasuk dari kaum injili, tidak lagi percaya akan neraka, meskipun Yesus sendiri percaya akan neraka.

Topik di hadapan kita ini amat sangat serius. Orang-orang telah biasa menghindari doktrin tentang neraka. Saya sendiri tidak kaget; neraka telah menjadi doktrin yang paling mengganggu dan mengusik dalam iman kekristenan. Saya sendiri pun berharap tidak perlu membahas neraka, tetapi saya sedang membahas hal-hal yang akan terjadi pada masa depan, yang sepenuhnya pasti, dan neraka merupakan satu dari empat hal yang dapat kita yakini dengan pasti. Neraka itu nyata. Jika tidak, tentu Yesus adalah pendusta, dan saya tidak akan menyebut Dia pendusta. Dunia, bahkan kalangan internal Gereja, telah biasa berargumentasi menentang pembahasan tentang neraka. Yang saya bahas di sini adalah Gereja dan orang-orang percaya pada masa sekarang. Para pakar dan ahli teologi telah memperdebatkan bahwa neraka tidak perlu dibahas-bahas lagi sama sekali. Biasanya, upaya mereka itu dilakukan dengan mengambil salah satu aspek sifat Tuhan lalu menjadikannya keseluruhan sifat Tuhan, kemudian berargumentasi bahwa Tuhan yang demikian itu tidak mungkin membiarkan ada neraka.

Padahal, kemuliaan Tuhan yang utuh merupakan keseluruhan sifat-sifat-Nya, dan berbahaya sekali jika kita mengambil sebagian saja dari sifat-Nya lalu menjadikannya dasar cara berpikir kita. Izinkan saya menjelaskan maksudnya. Ada orang-orang yang mengambil sifat kasih Tuhan, yang memang salah satu dari sifat-sifat-Nya, lalu menganggap Tuhan itu sepenuhnya kasih belaka tanpa ada unsur sifat lainnya, sehingga berkata, "Mana mungkin Tuhan yang Maha Pengasih memasukkan orang ke dalam neraka?" Memang jika saya pun berargumentasi, saya sendiri tidak akan memasukkan orang yang saya kasihi ke dalam neraka. Bagaimana mungkin Tuhan mengasihi manusia tetapi memasukkan manusia itu ke dalam neraka? Ada pula orang-orang yang terlalu mengagung-agungkan kuasa Tuhan sehingga berkata,

Neraka sebagai Penghukuman (Bagian 1)

"Jika Tuhan memang Maha Kuasa tentu Dia tidak mungkin gagal melaksanakan kehendak dan ketetapan-Nya. Maka, jika Dia menghendaki semua orang masuk surga, kehendak-Nya itu pasti terjadi. Kuasa-Nya membuat Dia sanggup menjadikan hal itu terjadi. Jika ada orang yang masuk neraka, itu berarti Tuhan gagal. Maka, Dia lemah dan tidak Maha Kuasa, karena kuasa-Nya tidak cukup hebat untuk menyelamatkan semua orang."

Lalu, ada orang-orang lain yang menganggap keadilan merupakan seluruh sifat Tuhan, sehingga berkata, "Apakah adil jika sekian tahun kejahatan dihukum dengan kebinasaan selama-lamanya? Apakah adil jika orang-orang seperti Saddam Hussein dan tetangga sebelah rumah saya yang ramah sama-sama masuk neraka?" Mereka mengambil sifat adil Tuhan dan menggunakannya sebagai argumen menentang neraka. Semua argumen itu sama saja pada intinya. Orang-orang yang menggunakannya mengambil sebagian sifat Tuhan dan menganggapnya sebagai seluruh sifat Tuhan. Padahal, setiap sifat Tuhan melengkapi sifat-Nya yang lain, dan semuanya berpadu menjadi suatu kepribadian yang utuh. Dengan kata lain, Tuhan bukanlah kasih saja, melainkan kasih yang kudus. Perbedaannya jauh sekali. Kekudusan Tuhan melengkapi kasih-Nya, dan meskipun Dia amat sangat mengasihi kita, kekudusan-Nya tidak mungkin membiarkan dosa berlangsung terus-menerus, dan dengan demikian kasih-Nya dilengkapi dengan kekudusan-Nya. Kuasa-Nya pun dilengkapi dengan kasih-Nya.

Tuhan tidak akan memaksa manusia untuk masuk surga. Dia tidak menghendaki orang yang tidak ingin masuk surga untuk masuk surga dengan terpaksa. Dia ingin orang memilih dengan kehendak bebas untuk menjadi bagian dari keluarga-Nya, dan keinginan kasih-Nya itu melengkapi kuasa-Nya. Dia bisa saja mengubah kita semua menjadi baik, tetapi Dia memilih untuk tidak melakukan hal itu, karena Dia ingin kita menjadi anak-anak-Nya yang masuk ke dalam kemuliaan-Nya secara sukarela; Dia tidak mengingini robot-robot. Semua argumentasi yang ada menggunakan argumen sebagian sifat Tuhan dan mengabaikan seluruh sifat Tuhan. Itulah kesalahan yang dilakukan oleh banyak orang Kristen. Mereka melihat satu sisi yang mereka sukai, sedangkan mereka tidak menyukai sisi lainnya, sementara Perjanjian Baru berkata, "Perhatikanlah kemurahan Allah dan juga tindakan-Nya yang keras." Keduanya sama-sama sifat Tuhan, dan untuk memperoleh pandangan yang utuh tentang Tuhan kita butuh seluruh pengetahuan dan kebenaran tentang Tuhan. Nah, pandangan apa yang sebenarnya sedang dikemukakan oleh para pakar dan ahli teologi yang berargumentasi menentang neraka karena dianggap tidak cocok dengan sebagian sifat Tuhan? Topik apa yang sedang mereka beritakan saat ini sebagai alternatifnya?

Ada dua yang terutama. Kita bisa membahasnya panjang lebar, tetapi ada dua topik utama yang sedang gencar diberitakan saat ini. Satu, sebagai alternatif neraka, kaum liberal mengkhotbahkan pesan bahwa Alkitab bukan inspirasi Roh Kudus sepenuhnya dan bukan otoritas yang mutlak. Tragisnya, percaya atau tidak, alternatif lainnya justru juga sedang diberitakan dengan giat oleh pihak-pihak yang sebenarnya menerima kualitas Alkitab sebagai hasil inspirasi Roh Kudus dan otoritas yang mutlak. Apa saja kedua alternatif itu? Saya mohon maaf sebelumnya, tetapi saya terpaksa menggunakan dua kata yang terkesan rumit dan berakhir dengan "-isme". Kita harus waspada dengan setiap kata yang diakhiri dengan "-isme", karena kebanyakan kata tersebut berarti paham yang mengandung kuasa roh jahat untuk menjadi obsesi yang menjerat manusia, termasuk yang berkaitan dengan keagamaan.

Saya sendiri hanya merasa nyaman dengan *"Anglicanism"* ("kekristenan anglikan"), *"Methodism"* ("kekristenan metodis"), *"baptism"* ("baptisan"), dan *"evangelism"* ("penginjilan"). Selain keempat kata itu, waspadai semuanya yang lain, karena kapasitasnya untuk menjerat manusia. Dua -isme yang sedang dikemukakan sebagai alternatif pengganti neraka adalah yang berikut ini. Yang pertama, *universalisme*. Itulah alternatif dari kaum liberal untuk menggantikan neraka. Kaum penganutnya percaya bahwa suatu hari kelak, entah bagaimana caranya, semua orang akan masuk surga. Di dalam paham universalisme ada keyakinan bahwa setelah kematian akan ada kesempatan kedua (dan ketiga, keempat, kelima, dan seterusnya sampai tak terhingga) untuk kita diselamatkan, sehingga orang yang tidak sempat memutuskan untuk masuk surga dalam kehidupannya saat ini dalam memutuskan demikian kelak. Tentu saja, jika ternyata kita masuk neraka, kita akan sangat ingin untuk memilih masuk surga saja. Itulah universalisme.

Bentuknya sebenarnya ada dua: satu, yang berkata, "Suatu hari kelak semua orang *akan* diselamatkan,"; dua, versi yang lebih modern yang berkata, "Semua orang sebenarnya *sudah* diselamatkan. Yesus sudah mati untuk semua orang di dunia, maka semua orang sudah diselamatkan dan kita hanya perlu memberitakan kepada mereka semua bahwa mereka sudah diselamatkan." Pernah ada seorang paus yang menganut paham yang terakhir itu, bahwa semua orang telah ditebus oleh Kristus terlepas dari mereka percaya atau tidak. Semua orang sedang menuju surga. Tugas Gereja lalu memberitakan kepada orang-orang bahwa mereka sedang menuju surga dan mereka sudah diselamatkan. Itulah kabar baik menurut paus tersebut.

Kedua bentuk dan versi paham universalisme itu sama sekali tidak menganggap neraka ada. Entah kita semua akan diselamatkan atau kita semua sudah diselamatkan, tetapi yang jelas semua orang sedang menuju surga. Itulah pandangan yang universal dalam paham universalisme. Di sisi lain, kaum injili yang percaya kualitas Alkitab sebagai hasil inspirasi Roh Kudus dan otoritas yang mutlak tentu tidak mungkin menerima pandangan itu, karena Alkitab jelas menyatakan bahwa pada Hari Penghakiman ada pemisahan antara yang diselamatkan dan yang terhilang, yang bebas dari hukuman dan yang divonis bersalah. Ada pemisahan yang nyata, hitam dan putih, dalam Alkitab, antara mereka yang memilih jalan yang luas dan lebar menuju kebinasaan dan mereka yang memilih jalan yang lurus dan sempit menuju kehidupan. Di dalam Alkitab, umat manusia tidak pernah bisa mengakali pemisahan itu.

Lalu, alternatif apa yang dikemukakan oleh para tokoh injili di negeri kita? Jawabannya, paham *anihilasi-isme*. Paham itu meyakini bahwa orang-orang berdosa akan hilang lenyap begitu saja. Hilang lenyap. Mereka tidak menderita di dalam neraka. Mereka hanya tiba-tiba tidak ada lagi. Paham ini pun memiliki dua versi. Versi yang satu percaya bahwa orang berdosa hilang lenyap pada saat kematian, sedangkan versi lainnya percaya bahwa orang percaya hilang lenyap setelah Hari Penghakiman. Paham ini menggunakan beberapa bagian Alkitab sebagai argumen landasannya, termasuk misalnya bahwa neraka adalah api yang menghanguskan. Tidak mungkin kita akan tetap ada di dalam kobaran api, kita pasti terbakar habis, maka hukuman kekal tentu tidak merujuk pada penderitaan kekal, tetapi dampak kekal dari anihilasi (hilang lenyap).

Tentu saya mengerti bahwa hilang lenyap berarti selama-lamanya, tetapi itulah pula yang dijadikan argumen, bahwa istilah "hukuman kekal" berarti kekal dalam aspek dampaknya, bukan dalam aspek pengalamannya. Hal tersebut telah menjadi perdebatan yang panas kini. Anda pun bisa menemukannya di berbagai media. Mungkin Anda pernah menyaksikannya pula; di Inggris majalah Kristen nasional pernah memuat surat seorang wanita yang berkata, "Saya tidak mampu mengasihi Tuhan yang memasukkan orang ke dalam neraka." Itulah pendirian wanita itu. Itulah yang dia katakan.

Sejujurnya, itu berarti berkata Yesus tidak mengerti perkataan-Nya sendiri, karena kita tahu bahwa kita mendengar tentang topik neraka selalu dari perkataan Yesus sendiri. Tahukah Anda hal itu? Tuhan tidak memercayakan kebenaran yang begitu mengerikan itu kepada siapa pun yang lain. Kita bukan mendengar tentang topik neraka dari ajaran Yohanes, atau Paulus, atau Petrus. Dalam seluruh Perjanjian Lama pun kata "neraka" sama sekali tidak

Neraka sebagai Penghukuman (Bagian 1)

disebut. Segala sesuatu yang kita tahu tentang neraka bersumber dari perkataan yang Yesus ucapkan sendiri, dan jika ada pribadi yang benar-benar mengenal Tuhan, pribadi itu adalah Anak-Nya. Yesus sangat mengenal kasih Tuhan dan kuasa Tuhan dan keadilan Tuhan, dan Dia memberitakan tentang neraka. Kini kita mengamati ajaran Yesus, dan sebelum melanjutkan ke berbagai detailnya saya akan menjelaskan sesuatu lebih dahulu. Saya ingin memberikan sebuah kerangka berpikir kepada Anda, yang Anda butuhkan sebelum dapat memahami seluruh kelanjutan penjelasan yang saya kemukakan.

Inilah kerangka berpikirnya. Manusia ada dalam tiga fase, tiga tahap, bukan dua. Gagasan yang umum dipercaya, bahkan juga oleh Gereja, adalah kita akan masuk surga atau neraka setelah kita mati. Gagasan itu berdasarkan kerangka berpikir dua fase, padahal dari pengajaran saya sebelumnya tentang Hari Penghakiman Anda telah melihat bahwa ada tiga fase keberadaan manusia. Fase pertama adalah fase yang kita semua hidupi sekarang ini. Inilah dunia saat ini, tempat kita hidup sebagai roh yang memiliki wujud tubuh. Saat mati, roh dan tubuh kita akan terpisah, lalu tubuh kita akan hancur. Tubuh itu hanyalah tampilan luar yang selama hidup kita kenakan. Fase kedua keberadaan manusia adalah fase roh tanpa wujud tubuh. Saya sendiri belum pernah mengalaminya, maka hal itu akan menjadi sebuah pengalaman baru, dan seperti Paulus, saya pun tidak sepenuhnya yakin akan fase tersebut sekaligus yakin bahwa fase tersebut akan jauh lebih baik daripada kehidupan selama di dalam wujud tubuh ini.

Paulus pernah berkata, "Aku lebih suka langsung beralih dari fase pertama ke fase ketiga, dari tubuh jasmani yang lama ke tubuh kemuliaan yang baru," tetapi meski demikian, "... jika aku harus menanggalkan tubuh jasmani ini," katanya, "... aku lebih baik kehilangan tubuh tetapi berada bersama-sama dengan Tuhan, karena itu jauh lebih baik." Itulah fase kedua, ketika kita tidak lagi memiliki wujud tubuh jasmani. Jika kita mengenal Tuhan, kita akan bersama dengan Tuhan. Mempertanyakan kita berada di

SURGA DAN NERAKA

mana menjadi tidak lagi relevan, karena tanpa wujud tubuh kita tidak terikat ruang dan tempat. Kita tidak membutuhkan tempat seperti saat mengenakan tubuh. Roh tidak terikat pada dimensi keberadaan yang sama seperti tubuh.

Yang penting hanyalah kita ada bersama siapa. Kita akan ada bersama Tuhan, kita akan sadar dan dapat berkomunikasi, tetapi tanpa wujud tubuh. Fase ketiga tiba setelah itu, yaitu ketika kita semua, bersama-sama, menerima tubuh jasmani yang baru dan kembali menjadi roh yang memiliki wujud tubuh sebagaimana manusia yang utuh dalam arti yang kita kenal. Sadarkah Anda bahwa Yesus telah mengalami ketiga fase tersebut dalam waktu tidak sampai satu pekan? Pada hari Yesus mati, tubuh-Nya dan roh-Nya terpisah, dan Dia menyerahkan roh-Nya kepada Bapa, yang sebelumnya memberikan roh itu kepada-Nya. Selama tiga hari dan tiga malam sesudah itu, Yesus sepenuhnya sadar dan aktif dan memberitakan Injil kepada orang-orang yang tenggelam dalam peristiwa air bah pada zaman Nuh. Kita tahu hal itu dari catatan Simon Petrus dalam suratnya. Saya sendiri membayangkan bahwa Yesus memberi tahu Petrus hal itu saat bertemu dengan-Nya pada hari Minggu Paskah pertama. Kita tidak tahu di mana keduanya bertemu atau apa saja yang dibicarakan, tetapi kita tahu bahwa Yesus memang menampakkan diri kepada Petrus. Kepingan informasi kecil itulah yang luar biasa berguna. Itulah bukti nyata bahwa Alkitab bukanlah buku ciptaan manusia. Siapa pula manusia yang dapat memikirkan hal yang semacam itu? Nah, Yesus sepenuhnya sadar dan sepenuhnya berkomunikasi. Bahkan, lebih dari itu, orang-orang yang dahulu tenggelam dalam peristiwa air bah pada zaman Nuh juga sepenuhnya sadar.

Dua menit setelah kematian, kita akan menjadi sadar kembali sepenuhnya. Kita akan mengenal diri kita sendiri. Kita akan mampu berkomunikasi. Jika kita bersama dengan Tuhan, betapa luar indahnya pengalaman itu kelak. Ada orang yang pernah bertanya kepada saya, "Bagaimana dengan satu menit setelah kita mati?" Baiklah, satu menit pun, atau satu detik pun setelah kita mati, kita akan sepenuhnya sadar kembali. Kita tidak akan hilang lenyap begitu saja. Yesus pun tidak hilang lenyap. Kita yang mati akan berpindah ke fase keberadaan tanpa wujud tubuh. Surga dan neraka ada di fase ketiga. Itulah yang akan saya bahas sekarang. Baik surga maupun neraka merupakan tempat untuk manusia yang memiliki wujud tubuh. Kebenaran tersebut sangat penting. Saya tidak suka mengatakan "pergi ke surga". Nanti di bab berikutnya saya akan menjelaskan alasannya lebih lanjut. Yang pasti, istilah "pergi", entah ke surga atau ke neraka saat kita mati, tidak tepat. Sekarang ini, neraka belum dihuni sama sekali. Iblis pun sekarang tidak ada di sana. Neraka adalah tempat yang belum dihuni. Menariknya, Yesus menggunakan satu kata yang sama saat berbicara tentang surga serta tentang neraka.

Yesus berkata bahwa kedua tempat itu sedang "dipersiapkan". "Aku pergi untuk mempersiapkan tempat bagimu" dan "Enyahlah dari hadapan-Ku, hai kamu orang-orang terkutuk, enyahlah ke dalam api yang kekal yang telah disediakan untuk Iblis dan malaikat-malaikatnya." Baik surga maupun neraka sekarang sedang dipersiapkan. Keduanya belum dihuni. Itulah sebabnya, saya lebih suka berkata bahwa orang yang meninggal dalam kondisi beriman pergi untuk berjumpa dengan Tuhan, dan itulah pula yang disebut dalam Perjanjian Baru. Bukan tempat tujuannya yang disebut, melainkan dengan siapa orang itu akan bersama; itulah yang penting pada fase yang kedua. Nah, sudahkah Anda menangkap kerangka berpikir tentang tiga fase ini sekarang? Alkitab berbicara sangat sedikit tentang fase kedua, tetapi memusatkan pemikiran kita tentang fase terakhir setelah kebangkitan dan penghakiman. Neraka yang saya bahas adalah itu, bukan tempat sebelum kebangkitan dan penghakiman. Saya membahas dimensi setelah kebangkitan.

Itulah pula yang Yesus bahas, dan saya ingin mengamati gambaran yang Yesus berikan lebih dahulu. Saya rasa kita semua memiliki gambaran mental tertentu tentang neraka. Biasanya, kita mendapatkan gambaran itu dari pengalaman buruk yang pernah

SURGA DAN NERAKA

dilalui; saya sendiri teringat akan dua pengalaman secara khusus ketika mendengar kata "neraka". Yang pertama adalah saat saya berada di Hong Kong bersama seorang wanita bernama Jackie Pullinger. Mungkin Anda juga pernah mendengar pengalaman wanita itu di dalam tembok-tembok kota Hong Kong. Dia mengajak saya memasuki bagian kota yang bertembok itu. Kejutannya adalah ternyata tidak ada tembok. Saya telanjur membayangkan tembok yang tinggi dan tebal, tetapi ternyata tembok itu telah dirubuhkan oleh pasukan Jepang semasa perang, lalu puingnya dibuang ke pelabuhan untuk dibuat menjadi jalur landas pacu pesawat terbang. Jika kita mendarat dengan pesawat besar, kita mendarat di atas permukaan bekas tembok kota, tetapi kota yang dahulu bertembok itu masih ada saat saya berkunjung; isinya hanyalah tumpukan rumah gubuk kecil-kecil setinggi lima belas atau dua puluh tingkat, yang "ditaruh" begitu saja di atas tingkat di bawahnya. Lokasi itu merupakan bagian Hong Kong yang tidak berada di bawah kendali Kerajaan Inggris. Wilayah tanpa pemilik. Maka, di bagian kecil kota itu, yang luasnya tidak lebih dari sepuluh kali luas sebuah gereja, tidak ada aturan hukum dan tidak ada polisi. Setiap orang bebas berbuat apa saja di sana. Bayangkan saja kejahatan dan kekacauan yang berkembang... Di sanalah terdapat markas pusat triad. Di sanalah tempat tinggal para muncikari dan pekerja seks komersial. Di sanalah tempat tinggal para pedagang narkoba.

Wilayah itu tidak tersentuh, dan saat itu sedang dipersiapkan untuk dirubuhkan seluruhnya sebelum Hong Kong dikembalikan ke negara Tiongkok. Jalan masuknya amat sempit dan suasana di dalamnya sangat gelap. Untuk mengunjungi seseorang di tingkat teratas, kita harus memanjat naik ke atas atap gubuk orang lain di bawahnya. Tingkat "kebersihannya" tak dapat dilukiskan dengan kata-kata: kotoran, limbah dan comberan, tikus-tikus besar di mana-mana. Satu-satunya ruangan yang terang di sana terletak tepat di tengah-tengah tingkat dasar, yaitu ruangan tempat Jackie Pullinger mendoakan pada pecandu narkoba.

Neraka sebagai Penghukuman (Bagian 1)

Jackie Pullinger adalah wanita yang mengagumkan. Saat saya keluar kembali ke wilayah yang mendapat sinar matahari setelah berada di tempat mengerikan, gelap, menjijikkan, dan menekan yang penuh kejahatan serta kekacauan itu, secara naluriah saya berkata, "Tempat itu benar-benar neraka." Pengalaman itu terjadi bertahun-tahun yang lalu, tetapi tiga tahun setelah itu saya mengalami hal yang lebih parah lagi.

Saya pergi ke Polandia, ke tempat yang disebut Auschwitz. Saya masuk dan berdiri di ruangan kosong yang tak berjendela. Pintunya ada dua, masing-masing di sisi ruangan yang berseberangan. Di langit-langit terlihat ada pancuran air, tetapi ternyata yang keluar dari pancuran itu adalah gas Zyklon B, yaitu racun yang menewaskan beratus-ratus orang. Dahulu, para pria, wanita, dan anak dipaksa masuk ke ruangan itu, dua ratus lima puluh orang sekali masuk. Mereka tidak bisa bergerak di dalamnya. Mereka diberi tahu bahwa mereka akan dimandikan dengan pancuran, maka mereka sudah menanggalkan pakaian sejak di luar ruangan. Di dalam, mereka justru disemprot dengan gas beracun. Kemudian, dari mayat para korban itu, rambut mereka dicukur untuk dijadikan pengisi bantal dan gigi emas mereka dicabut dengan tang. Jika ada tato di tubuh mereka, kulit bergambar tato itu ditarik dengan hati-hati untuk dijadikan lapisan kap lampu. Lemak tubuh dari mayat para korban juga diambil, untuk diolah menjadi bahan pembuat sabun. Setelah itu, barulah yang tersisa dari mayat mereka dibakar habis dan abunya dijual sebagai pupuk. Sejak pertama kali masuk kamp tahanan itu sampai dijual dalam wujud abu sebagai pupuk, waktunya adalah satu setengah jam saja. Saya berdiri sendirian di dalam ruangan itu. Saya sungguh merasa berada di neraka. Menariknya, saya ingat membaca koran setelah Putri Anne berkunjung ke Auschwitz juga, dan judul beritanya adalah "*Sang Putri di Neraka*". Nah, kita masing-masing memiliki gambaran dan pengalaman tertentu, tetapi tidak ada satu pun yang sama dengan gambaran yang Yesus tunjukkan kepada kita.

SURGA DAN NERAKA

Mari lihat neraka yang digambarkan Yesus. Apa pendapat-Nya tentang neraka? Jawabannya sebenarnya sederhana saja. Yesus menganggap neraka sebagai tempat pembuangan sampah. Yesus menyebutnya "Gehena", yang dalam bahasa Ibrani berarti Lembah Hinom. Lembah itu sungguh-sungguh ada. Letaknya di tepi luar kota Yerusalem, tetapi wisatawan tidak pernah berkunjung ke sana. Salah satu alasannya adalah karena lembah itu terlalu dalam, dan saat kita berada di dalam wilayah kota tua Yerusalem kita tidak akan menyadari keberadaan lembah itu. Untuk melihatnya, kita harus pergi ke tepi selatan di luar gerbangnya lalu memandang ke arah bawah. Lembah itu dalam sekali dan gelap sekali, dan salah satu bagian di dasarnya tidak terjangkau sinar matahari. Saat pertama kali pergi ke Israel pada tahun 1961, lembah itu masih dipakai untuk kegunaan yang sama dengan pada zaman Yesus.

Asap naik keluar darinya, karena di dalamnya sedang dibakar sampah dari seluruh kota. Saya pergi menuruni bagian dalam lembah itu. Ada makanan busuk dan belatung di mana-mana. Gambaran itu nyata di hadapan saya, seperti yang Yesus katakan, "Apinya tidak akan padam dan ulatnya tidak akan mati." Lembah itulah Gehena. Kini, lembah itu telah ditutup tanah dan kita tidak bisa lagi melihatnya. Sekarang wujudnya adalah taman umum dengan lembah yang indah, meski kita masih bisa berkunjung dan berjalan-jalan di sana. Letaknya di tepi luar kota. Gerbang selatan itu pun disebut Gerbang Kotoran, karena alasan yang tentu Anda jelas pahami. Melewati gerbang itulah orang membawa keluar kotoran dan sampah, untuk kemudian dibuang ke dalam lembah. Semua sampah masuk ke lembah itu dan api pembakaran tidak pernah dimatikan supaya sampah tidak menumpuk terlalu banyak. Demikian itulah suasananya secara tetap.

Namun, jauh di zaman Perjanjian Lama, lembah itu juga memiliki keterkaitan yang lebih kelam dengan kejahatan. Di dasar lembah itu, umat Tuhan, bangsa Israel, menyembah dewa atau berhala jahat yang bernama Molokh. Dewa itu menuntut

Neraka sebagai Penghukuman (Bagian 1)

persembahan korban manusia, sehingga di dasar lembah itu mereka membakar hidup-hidup bayi-bayi mereka sebagai persembahan kepada Dewa Molokh. Dalam kitab Yeremia, nabi itu berkata, "Lembah itu akan disebut lembah tandus dan kematian." Sejak saat itulah lembah itu menjadi tempat pembuangan sampah untuk seluruh kota dan suasananya amat mengerikan. Selain itu, ada pula hal lain tentang lembah itu. Penjahat yang mati disalib tidak pernah dikubur. Mayatnya diturunkan dari salib lalu dibuang ke dalam Lembah Gehena untuk dimakan habis oleh belatung dan burung pemakan bangkai.

Itulah pula yang mungkin akan terjadi pada Tuhan Yesus jika saja Yusuf dari Arimatea tidak berkata, "Biarlah lahan kuburku dipakai." Jika bukan karena Yusuf, mayat Yesus bisa saja dibuang ke Gehena. Satu dari dua belas murid Yesus juga masuk ke dalam Gehena. Yudas menggantung diri dengan mengikat tali di pohon pada sisi atas tebing di atas Lembah Hinom, lalu dengan tubuhnya tergantung tali itu putus sehingga tubuhnya jatuh. Peristiwa tu tercatat dengan kata-kata yang vulgar, "Ususnya terburai keluar saat tubuhnya membentur dasar lembah." Lembah itu kemudian jadi disebut Tanah Darah pula; jika kita menanyakannya kepada pemandu wisata di Israel, dia akan menunjukkan lokasi tanah darah itu di dasar lembah. Itulah lembah yang kita bahas.

Itulah lembah tempat semua sampah dibuang, segala sesuatu yang tidak berguna dibuang, segala sesuatu yang kotor dibuang untuk selamanya. Yesus berkata, "Jika kamu ingin melihat gambaran neraka, pergilah ke gerbang sisi selatan dan pandanglah ke arah bawah." Itulah neraka menurut saya. Gambaran itu menjadikan kata "binasa" memiliki arti yang sangat jelas, karena sebenarnya artinya bukan "hilang lenyap begitu saja". Arti sebenarnya adalah "tidak ada gunanya lagi". Misalnya, botol air panas yang sudah binasa, memangnya botol itu hilang lenyap begitu saja? Tidak. Botol itu masih ada, masih tampak seperti botol air panas. Satu-satunya masalahnya adalah botol itu tidak bisa digunakan lagi sebagai botol air panas, karena fungsinya

SURGA DAN NERAKA

tidak ada lagi, dan itulah arti kata "binasa" di dalam Alkitab. Bukan berarti dihancurkan dan hilang. Artinya rusak sampai kegunaannya habis.

Ketika seorang wanita membasuh kaki Yesus dengan minyak narwastu, Yudas Iskariot berkata, "Minyak itu habis binasa." Minyak itu tidak berguna lagi, habis sia-sia. Anak bungsu yang pergi dalam kisah anak yang hilang itu disebut terhilang, binasa, tersesat dan rusak. Itulah maksud kata "terhilang". Itulah tragedi terbesar yang bisa terjadi pada seorang manusia, bahwa manusia sebagai ciptaan dari gambar dan rupa Tuhan, untuk melayani bagi tujuan Tuhan, menjadi begitu binasa sehingga Tuhan berkata, "Aku tidak mungkin lagi memakai orang itu. Dalam semesta-Ku ini, dia tidak ada lagi gunanya, seperti sampah." Istilah "pergi ke neraka" tidak ada di dalam Alkitab. Istilah yang selalu digunakan Yesus adalah "dibuang ke neraka" atau "dilemparkan ke neraka", karena itulah yang kita lakukan dengan sampah. Sampah memang dibuang atau dilemparkan. Itulah kata yang selalu digunakan: dibuang, atau dilemparkan.

Yesus mengatakannya dengan hati-hati, bahwa tubuh dan jiwa kita akan dihancurkan habis di dalam neraka, bukan hanya jiwa melainkan juga tubuh. Itulah sebabnya Dia berkata: "Neraka adalah tempat untuk orang-orang yang memiliki tubuh," maka neraka bukan tempat tujuan kita setelah kematian, melainkan tempat tujuan kita setelah kebangkitan. Itulah gambaran Yesus tentang neraka, tempat pembuangan sampah untuk orang-orang yang telah habis gunanya. Kabar baiknya, Tuhan ahli mendaur ulang. Itulah arti kata "menyelamatkan".

Terlalu banyak orang berpikir "selamat" berarti "aman". Bukan itu artinya. Saya akan menunjukkan artinya dalam bab berikutnya. Arti kata "diselamatkan" adalah "diambil kembali", dan kata itu dalam bahasa Inggris ("*salvaged*", "*saved*") pun berarti "sampah yang diambil kembali, didaur ulang, dan dijadikan berguna lagi". Dalam Perjanjian Baru ada surat singkat yang menarik, yang ditulis untuk seorang pria bernama Filemon tentang seorang

Neraka sebagai Penghukuman (Bagian 1)

budak bernama Onesimus. Tahukah Anda arti nama "Onesimus"? Artinya "berguna". Luar biasa, bukan? Budak yang bernama "Berguna" itu lari dari rumah tuannya, pergi sampai tiba di Roma dan ingin bersembunyi di situ, lalu berbuat kesalahan terbesar dalam hidupnya, dan akhirnya bertemu Paulus kemudian bertobat. Paulus berkata, "Kamu harus kembali kepada tuanmu." "Oh, nanti saya dibunuh olehnya, karena saya terlanjur kabur." "Tidak. Aku kenal tuanmu. Dia orang Kristen. Saya akan menulis surat kepada dia, sebagai jaminan untuk kamu."

Paulus menulis surat yang indah itu, dan berkata "Jika budakmu ini pernah mengambil uangmu, aku akan membayarnya kembali. Namun, ketahuilah bahwa dia telah menjadi berguna lagi. Dia telah didaur ulang. Dia yang pernah menjadi tidak berguna bagimu, tetapi kini dia Onesimus." Permainan kata yang bagus sekali, dan itulah gambaran penebusan. Itulah persisnya yang Yesus telah lakukan dengan kita masing-masing. Yesus mengirim kita kembali kepada Tuhan dan berkata, "Bapa, orang ini telah menjadi berguna lagi. Dia bisa dipakai lagi sekarang. Dahulu dia pernah tidak berguna, lari dari-Mu, tetapi Aku telah mendaur ulang dirinya." Itulah arti keselamatan, didaur ulang, sehingga yang dahulu sampah tidak menjadi sampah secara permanen tetapi menjadi berguna kembali bagi Tuhan. Itulah gambarannya, indah sekali.

Yesus tidak hanya memberikan gambaran tentang neraka, tetapi juga memberikan pemahaman yang sangat jelas tentang pengalaman di dalamnya kelak. Saya ingin menutup bab ini dengan memberi tahu Anda lima hal yang Yesus katakan sebagai pengalaman di dalam neraka. Pertama, kata Yesus, neraka akan menjadi tempat kesakitan fisik yang sangat intens. Yang jelas, tidak akan ada cahaya alami di sana, yang ada hanyalah gelap gulita. Mungkin kita masih punya mata, tetapi kita tidak akan bisa melihat sama sekali, karena di sana tidak akan ada cahaya sama sekali. Yesus berulang kali menyebutnya "kegelapan di luar". Dia berkata pula bahwa tempat itu amat sangat kering, dan di dalamnya kita akan mengemis untuk mendapatkan setetes air. Tempat itu kering kerontang dan amat sangat panas, dan kondisi itu adalah salah satu pengalaman paling sengsara yang dapat kita alami.

Yesus juga berkata neraka itu akan berbau sangat busuk. Belerang adalah unsur yang merupakan salah satu dari yang berbau terbusuk yang ada. Mayat yang membusuk dan kotoran yang membusuk pun merupakan salah satu sumber bau terbusuk yang ada. Kesakitan fisik dan tekanan mental yang luar biasa. Aneh sekali bahwa Yesus berkata akan ada ratap dan kertak gigi, karena tampaknya keduanya saling bertentangan. Ratapan menandakan duka, sedangkan kertak gigi menandakan kemarahan. Bagaimana mungkin kita bisa merasa berduka sekaligus marah pada saat yang sama? Jawabannya pun sangat mudah. Kedua perasaan itu ada di dalam frustrasi; saat kita tahu kesempatan-kesempatan yang sebelumnya kita miliki tetapi kita sia-siakan dan kini tidak mungkin kembali, ada campuran rasa mengasihani diri dan duka mendalam dan kemarahan kepada diri sendiri sekaligus kepada Tuhan. Ratap dan kertak gigi yang Yesus sebutkan saat membahas neraka itu aneh, tetapi merupakan tanda tekanan mental yang luar biasa.

Neraka juga tempat kebejatan moral. Dapatkah Anda membayangkan harus hidup bersama selama-lamanya dengan orang-orang yang sungguh-sungguh bobrok, yang telah sepenuhnya kehilangan gambar Tuhan, yang berperilaku seperti binatang, di tempat yang penuh dengan segala kejahatan dan kekacauan? Itulah yang akan menjadi tempat tinggal Anda jika Anda di neraka, tempat kebejatan moral yang paling hina. Sama sekali tidak ada kebaikan di sana. Tidak ada kesabaran, kebaikan hati, atau kasih. Saya sebenarnya bertanya-tanya apakah orang-orang sadar bahwa ketika kita memilih untuk hidup tanpa Tuhan kita sedang memilih untuk hidup tanpa kebaikan, karena semua hal baik yang manusia mampu wujudkan bersumber dari Tuhan. Kebaikan adalah bagian dari gambar dan rupa Tuhan dalam diri manusia, dan jika gambar dan rupa Tuhan itu binasa seluruhnya,

Neraka sebagai Penghukuman (Bagian 1)

kebaikan pun lenyap sama sekali. Itulah sebabnya neraka adalah tempat kebejatan moral yang paling hina.

Pernahkah Anda merasakan berada di tengah-tengah keramaian orang banyak tetapi kesepian? Mengapa kita bisa merasa kesepian di tengah-tengah orang banyak? Kesepian muncul saat tidak ada orang berminat kepada kita, peduli kepada kita, atau mengasihi kita. Kita bisa saja dikelilingi ribuan orang, tetapi jika tidak ada satu pun dari mereka peduli kepada kita atau mengasihi kita, kita akan merasa kesepian dan sendirian. Saya yakin semua orang di neraka akan merasakan kekosongan sosial yang demikian, karena sekali lagi, hanya Tuhanlah satu-satunya sumber kasih, dan tanpa kasih-Nya tidak akan mungkin ada keluarga atau persahabatan di neraka. Lalu, yang terakhir, neraka adalah tempat kekeringan spiritual tanpa harapan. Tidak ada doa di neraka. Untuk apa berdoa jika tidak ada Tuhan yang akan mendengar? Tidak ada penyembahan di neraka. Untuk apa menyembah jika tidak ada yang disembah?

Perhatikan, hal terburuk tentang neraka adalah kehidupan tanpa Tuhan. Orang-orang sering berkata, "Tidak masalah, sekarang pun saya hidup tanpa Tuhan dan baik-baik saja." Salah. Mereka tidak baik-baik saja. Di dunia ini, tidak ada orang yang benar-benar hidup tanpa Tuhan. Roh Tuhan masih menjamah manusia, masih mendoakan manusia, masih menahan manusia agar tidak terjerumus menjadi seburuk yang mereka inginkan sendiri. Namun, jika saja Tuhan melepas rem itu, kita semua tidak akan bergerak naik. Kita semua akan turun ke kondisi paling hina. Dalam Roma pasal 1 kita telah melihat apa yang terjadi jika Tuhan lepas tangan. Dalam pasal itu dicatat bahwa manusia melepaskan diri dari Tuhan. Lalu, apa yang Tuhan lakukan? Tuhan pun melepaskan manusia, dan akibatnya amat mengerikan. Nah, jika Tuhan sepenuhnya melepaskan kita, kita tidak akan menjadi orang yang lebih baik. Kita justru akan menjadi orang yang jauh lebih buruk daripada sekarang. Tidak seorang pun dari kita tahu seberapa kuat Tuhan telah mengerem kita di sepanjang

SURGA DAN NERAKA

hidup kita, melalui pengaruh orang tua atau sahabat, yang telah menahan kita dari melakukan hal-hal yang tanpa rem itu akan kita lakukan. Kadang, kita menemukan siapa diri kita saat rem itu dilepas, yaitu saat kita jauh dari "rumah" dan tidak ada orang yang tahu keberadaan kita. Itulah saatnya kita berkenalan dengan diri kita yang sebenarnya. Itulah pula kondisi neraka kelak: kematian spiritual. Tidak akan ada orang yang memikirkan hal-hal rohani sama sekali di sana. Itulah yang kita pilih ketika kita memilih untuk hidup tanpa Tuhan. Kita tidak mungkin melepaskan diri dari Tuhan di dunia ini, tetapi Tuhan dapat melepaskan kita pada fase ketiga keberadaan kita. Ada hal-hal lain yang dapat saya sebutkan tentang neraka, tetapi mari kita tutup pembahasan ini untuk sesaat.

Bab 5

NERAKA SEBAGAI PENGHUKUMAN (BAGIAN 2)

Melanjutkan topik kita yang "suram", secara khusus saya ingin membahas pertanyaan yang sangat serius: berapa lama neraka akan berlangsung nanti? Sebenarnya, sebagian penganut paham anihilasi, yang meyakini bahwa kita semua akan hilang lenyap jika termasuk orang berdosa, juga percaya bahwa kita akan masuk neraka untuk menderita sesaat sebelum akhirnya hilang lenyap. Sejujurnya, semua itu berarti hilang lenyap merupakan kabar baik. Mungkin itulah sebabnya orang-orang yang meyakininya tidak berkhotbah memberitakan tentang neraka, karena dampaknya bisa saja keliru bagi para pendengar. Padahal, yang sesungguhnya adalah jika kita berdosa dan telah berdosa selama 70 atau 80 tahun lalu lolos begitu saja dari hukuman, hilang lenyap tentu merupakan kabar baik. Meskipun harus masuk neraka sementara, tetap saja masih ada kabar baik bahwa setelah itu kita akan hilang lenyap begitu saja. Nah, dalam pengertian yang demikian, hilang lenyap atau anihilasi adalah kabar baik.

Namun, mari kita amati urusan tersebut dengan lebih cermat. Berapa lama orang akan menderita di dalam neraka? Jawaban yang tradisional adalah "selama-lamanya", tetapi jawaban tersebut kini luas diperdebatkan, dan saya akui, terutama oleh kaum injili Anglikan saat ini. Lalu, apa yang Yesus sendiri katakan? Menurut saya pertanyaan itu sendiri telanjur dipandang dari sisi yang salah. Kebanyakan orang membahasnya saat ini dari sisi "berapa lama manusia akan menderita di dalam neraka", sedangkan saya yakin kita perlu memandangnya dari sisi yang berbeda. Neraka sebenarnya tidak pernah dipersiapkan untuk manusia. Tuhan tidak pernah memaksudkan neraka untuk dihuni manusia sama sekali. Kata Yesus, "Tuhan mempersiapkan neraka untuk Iblis dan malaikat-malaikatnya." Neraka tidak dipersiapkan Tuhan bagi kita. Dalam perumpamaan tentang domba dan kambing (yang sebenarnya bukan perumpamaan, melainkan nubuat), Yesus berkata kepada para kambing, "Enyahlah dari hadapan-Ku, hai kamu orang-orang terkutuk, enyahlah ke dalam api yang kekal yang telah disediakan untuk Iblis dan malaikat-malaikatnya." Tuhan mempersiapkan surga untuk kita, tetapi neraka dipersiapkan-Nya untuk Iblis dan para malaikatnya, yang kita sebut roh-roh jahat atau setan-setan. Ada sepertiga dari seluruh malaikat yang telah memilih berpihak pada Iblis dan memberontak terhadap Tuhan menurut Wahyu pasal 12. Anda dapat membaca seluruh pasal itu untuk menemukan ayat-ayat yang membahasnya.

Nah, mengapa Tuhan harus mempersiapkan neraka untuk Iblis dan para malaikatnya? Jawabannya sederhana. Yesus berkata, "Malaikat tidak mati." Malaikat merupakan makhluk ciptaan yang nyata, mereka diciptakan oleh Tuhan dan merupakan bagian dari seluruh karya penciptaan-Nya. Mereka berada di tingkat yang lebih tinggi daripada manusia sebagai makhluk ciptaan. Kita, manusia, bukanlah makhluk ciptaan Tuhan yang tertinggi. Malaikatlah yang tertinggi. Para penganut paham evolusi kesulitan memahami konsep tersebut karena tidak dapat menemukan sumber kemunculan malaikat. Apakah malaikat adalah hasil evolusi dari monyet? Atau, makhluk lain mana saja? Itulah masalahnya. Namun, kita percaya adanya malaikat. Malaikat lebih cerdas daripada manusia, lebih kuat daripada manusia, lebih lentur daripada manusia, lebih cepat daripada manusia, dan serba lebih daripada manusia dalam segala hal. Secara khusus, malaikat melebihi manusia dalam hal mereka tidak dapat mati. Malaikat hidup selamanya.

Yang saya maksud bukan bahwa malaikat itu selalu ada secara kekal. Mereka awalnya tidak ada, tetapi lalu diciptakan, sama

Neraka sebagai Penghukuman (Bagian 2)

seperti manusia, tetapi malaikat tidak akan mengalami titik akhir kehidupan dengan mati. Malaikat tidak mati seperti setiap manusia pasti mati. Itulah sebabnya malaikat tidak menikah dan tidak bereproduksi; jumlah malaikat tetap sama. Tidak berkurang atau bertambah. Malaikat sudah ada sejak diciptakan dan Tuhan menciptakan mereka untuk hidup selamanya. Karena seperti dari malaikat yang ada itu memberontak terhadap Tuhan sehingga menjadi malaikat jahat, yang kita sebut setan-setan, sedangkan mereka tidak dapat mati, apa yang Tuhan lakukan atas mereka? Jawabannya adalah Tuhan mempersiapkan tempat khusus untuk mengisolasi mereka dari semesta milik-Nya. Karena mereka tidak dapat mati, Tuhan harus mempersiapkan tempat untuk mengurung mereka agar mereka tidak dapat menyebarkan pengaruh jahat ke mana-mana.

Dari titik pemahaman itu, kita pun dapat bertanya, "Jika malaikat tidak dapat mati dan mereka berada di neraka, terisolasi selama-lamanya di sana, bagaimana rasanya pengalaman mereka di sana?" Sekali lagi, Alkitab memberikan jawaban yang amat sangat jelas: Iblis dan para malaikatnya akan tersiksa siang dan malam, selama-lamanya. Tidak ada pernyataan lain yang lebih jelas dan tegas di dalam Alkitab daripada yang satu itu. Malaikat tidak dapat mati, tetapi mereka akan ditawan di neraka dan menderita siksaan. Kata yang digunakan dalam Alkitab berarti "rasa sakit yang diderita dalam kondisi sepenuhnya sadar". Tidak ada arti yang lain. Siang dan malam, yang berarti "tanpa henti atau jeda", selama-lamanya. Tidak ada pernyataan lain dalam bahasa Yunani yang lebih tegas artinya daripada "selama-lamanya". Artinya hanya itu, selama-lamanya. Secara harfiah, artinya "sampai seterusnya sepanjang segala zaman". Itu adalah masa yang amat sangat panjang, tanpa akhir.

Lalu, bagaimana respons kaum anihilasi terhadap pernyataan-pernyataan itu tentang Iblis dan para malaikatnya disiksa selama-lamanya? Jawabannya, mereka mengabaikan semua pernyataan itu, atau mereka menyingkirkannya begitu saja, tanpa mau menghadapinya. Namun, ada pula sebagian dari mereka yang berkata, "Baik, kita terima bahwa malaikat-malaikat jahat itu menderita di neraka selamanya, tetapi manusia tidak akan mengalami hal itu." Padahal, tidak pernah disebutkan di dalam Alkitab sama sekali bahwa ada perbedaan takdir di antara Iblis dan para malaikatnya dengan manusia yang bergabung dengan pihak mereka. Sama sekali tidak ada perbedaan. Bahkan, sebenarnya kita dapat menemukan ada pernyataan-pernyataan yang jelas bahwa manusia pun akan disiksa selamanya.

Contohnya, salah satu ayat yang berkata Iblis akan disiksa siang-malam selama-lamanya juga berkata, "Dia akan disiksa bersama dengan Binatang itu dan Nabi Palsu untuk selama-lamanya." Kedua sosok yang disebut itu: sang Binatang dan Nabi Palsu, adalah manusia. Semua antikristus adalah manusia dan semua nabi palsu adalah manusia. Kita dapat melihat setidaknya ada dua manusia yang dikatakan akan disiksa siang-malam selama-lamanya.

Kemudian, kita juga melihat kelompok manusia yang jauh lebih besar disebut di dalam Alkitab: orang-orang yang pada masa akhir pemerintahan diktator dunia yang disebut sang "Antikristus" menyerahkan diri untuk angka/bilangan Antikristus itu dituliskan melalui laser ke tubuh fisik mereka demi dapat melakukan jual-beli di supermarket. Hal yang demikian itu merupakan skenario yang sepenuhnya masuk akal saat ini, karena kebanyakan dari kita juga telah menggunakan angka dalam bentuk kartu berbahan plastik, dan orang-orang telah mulai membahas cara-cara seperti tato atau laser untuk menanamkan angka itu pada tangan atau wajah kita supaya proses transaksi jual-beli menjadi lebih mudah dengan kita berjalan saja melalui mesin pembayaran.

Kitab Wahyu pun berkata bahwa transaksi jual-beli akan dilakukan dengan cara semacam itu pada akhir zaman. Tentu kita harus amat sangat berani untuk menolak angka itu dituliskan pada tubuh fisik kita, karena tanpa itu kita tidak dapat melakukan jual-beli. Kita akan keluar dari sistem pasar dan tidak lagi bisa

Neraka sebagai Penghukuman (Bagian 2)

mendapatkan cukup bahan pangan. Dikatakan bahwa orang-orang yang menerima angka itu agar dapat membeli makanan akan disiksa selama-lamanya, yang dalam bahasa penulisannya menggunakan istilah yang sama: "sampai sepanjang segala zaman". Saat Yesus berkata kepada kambing-kambing, "Enyahlah dari hadapan-Ku, hai kamu orang-orang terkutuk, enyahlah ke dalam api yang kekal yang telah disediakan untuk Iblis dan malaikat-malaikatnya," artinya yang paling mudah dan apa adanya adalah, "Takdirmu sama saja dengan takdir mereka itu." Karena alasan itulah, meskipun saya tidak suka mengatakannya dan berharap saya tidak perlu mengatakannya, saya yakin pemahaman tradisional tentang neraka sebagai siksaan kekal merupakan ajaran Alkitab Perjanjian Baru. Hal itu mengerikan, tetapi saya percaya itulah kebenarannya. Saya tidak dapat menghindari pernyataan blak-blakan itu dalam Alkitab.

Sekarang, mari kita beralih ke pertanyaan serius lainnya, yang mungkin merupakan kejutan terbesar bagi Anda dalam bab ini: siapa yang akan masuk neraka? Perbuatan apa yang membuat orang "layak" masuk neraka? Ada dua golongan orang yang dibahas di dalam Alkitab. Golongan pertama adalah orang yang berdosa secara abai, karena mengabaikan suara hati nuraninya dan melakukan saja apa yang mereka ingini. Seluruhnya, ada 120 dosa di dalam Perjanjian Baru yang disebut dapat membuat orang masuk neraka. Angka ini menyeramkan. Biasanya, dosa-dosa itu disebut dalam berbagai daftar secara terpisah, yang masing-masingnya berisi enam sampai sepuluh dosa. Ada dua daftar pada dua halaman terakhir dalam Alkitab. Jika kita mengamati kedua daftar itu lalu menggabungkan keduanya, jumlah seluruhnya adalah 120 hal yang dilakukan orang-orang yang berdosa secara abai sehingga membawa mereka melalui jalan yang lebar menuju neraka. Seperti yang Anda duga, amoralitas seksual muncul berkali-kali dalam daftar-daftar itu, baik percabulan, seks sebelum pernikahan, perzinahan, maupun seks dengan pasangan di luar pernikahan. Semua itu muncul berulang kali, demikian pula aktivitas homoseksual. Bagaimana mungkin kita diam saja jika tahu hal-hal yang dilakukan seseorang membawanya menuju penderitaan tanpa akhir seperti yang telah kita bahas tadi? Namun, tentu salah jika kita berpikir amoralitas seksual adalah hal utama dalam daftar-daftar itu. Ada banyak hal lain. Penyembahan berhala juga muncul berkali-kali. Kita mungkin berkata, "Wah, syukurlah saya tidak pernah menyembah berhala. Saya tidak pernah bersujud kepada patung kayu atau batu untuk menyembahnya." Padahal, kita patut berpikir ulang, karena keserakahan pun masuk di dalam kategori penyembahan berhala dalam daftar-daftar itu. Menariknya, perintah yang paling sulit dipatuhi oleh kebanyakan orang adalah yang perintah Tuhan yang kesepuluh, "Jangan mengingini milik sesamamu," yang dalam bahasa sehari-hari berarti, "Jangan serakah." Biasanya, kita serakah karena godaan yang masuk melalui mata kita. Orang buta tidak mengalami masalah dengan keserakahan. Keserakahan adalah salah satu hal yang diajarkan kepada kita melalui berbagai iklan dan materi promosi dengan segala cara. Keserakahan merupakan salah satu bentuk penyembahan berhala.

Selain itu, ada pula ketidakadilan sosial di dalam daftar itu. Pernahkah Anda mendengar bahwa Perjanjian Baru menentang perbudakan? Ya, Perjanjian Baru menentang perbudakan. Lihatlah surat pertama Paulus untuk Timotius; dalam pasal 1 dia menulis daftar hal-hal yang membuat orang masuk neraka. Paulus menyebutkan "membunuh orang tua", yang jelas merupakan dosa yang serius. Lalu, langsung setelah itu dia menyebutkan "berjual-beli budak". Omong-omong, jika Anda berpikir perbudakan sudah tidak ada lagi di dunia ini, Anda salah. Perbudakan masih ada dan hidup. Selanjutnya, ada pula dosa-dosa lain yang lebih "samar" dalam daftar 120 dosa.

Tidak percaya juga dikategorikan sebagai dosa yang membuat orang masuk neraka, tetapi salah satu dosa yang paling mengejutkan adalah yang disebut di urutan kedua dari terakhir dalam Wahyu pasal 21. Disebutkan di situ: para pengecut akan

Neraka sebagai Penghukuman (Bagian 2)

dilemparkan ke dalam lautan api. Apa artinya pengecut? Artinya, orang-orang yang karena takut terhadap orang lain jadi tidak melakukan atau mengatakan apa yang mereka tahu sebagai kebenaran, yang bersikap pengecut dalam mempertahankan kebenaran yang mereka ketahui. Terkejutkah Anda? Tentu saja, ada banyak dosa lain yang lebih samar, seperti kesombongan dan yang lain-lainnya. Jelas, ada banyak hal lain yang dapat membuat orang masuk neraka.

Lalu, yang juga mengejutkan, ada pula hal-hal yang jika tidak dilakukan membuat orang masuk neraka, yaitu oleh orang-orang yang tidak percaya. Paulus menyebutkan hal-hal itu dalam konteks orang yang tidak mengenal Tuhan dan yang tidak menaati Injil. Padahal, keduanya itu merupakan dua kelompok orang yang berbeda. Orang-orang yang tidak mengenal Tuhan adalah yang belum pernah mendengar berita Injil, tetapi memiliki hati nurani sehingga tahu dari nurani serta dari karya ciptaan Tuhan bahwa Tuhan itu ada dan mereka akan berhadapan dengan-Nya untuk mempertanggungjawabkan kehidupan mereka. Di sisi lain, orang-orang yang tidak menaati Injil adalah yang sudah mendengar berita Injil tetapi menolaknya. Hanya Tuhan yang tahu siapa saja yang termasuk masing-masing kelompok itu.

Saya yakin jika Anda orang Kristen, Anda tentu bersepakat dengan saya sampai titik ini. Benar, hal-hal semacam itu memang membawa orang menuju neraka, karena itulah jalan yang lebar dan luas yang menuju kebinasaan itu; tetapi ada kejutan lainnya sekarang. Alkitab juga berbicara tentang orang-orang beriman yang ceroboh yang berisiko masuk neraka. Itu kejutan yang sungguh nyata. Anda tentu tahu bahwa kebanyakan hal yang kita ketahui tentang neraka bersumber dari perkataan Yesus. Dalam keempat kitab Injil, hampir segala sesuatu tentang neraka terdapat di dalam Injil Matius. Hal itu memiliki arti yang signifikan. Mengapa begitu sedikit pembahasan tentang neraka yang terdapat di dalam Injil Lukas, tidak ada sama sekali di dalam Injil Markus, dan hampir tidak ada di dalam Injil Yohanes? Mengapa neraka

SURGA DAN NERAKA

hanya dibahas di dalam Injil Matius dan muncul di sana sejak awal sampai akhir kitab? Di sinilah kita perlu melakukan pembelajaran Alkitab terhadap kitab-kitab itu secara keseluruhan. Seluruhnya, terdapat empat kitab Injil. Dua di antara yang empat itu ditulis untuk orang berdosa, sedangkan dua yang lainnya ditulis untuk orang beriman. Dua ditulis untuk orang yang belum percaya, sedangkan dua lainnya ditulis untuk orang percaya. Tahukah Anda yang manakah masing-masing? Injil Yohanes ditulis bukan untuk orang yang belum percaya; isinya amat sangat tidak tepat untuk orang yang belum percaya. Delapan belas ayat saja sejak pembukaannya sudah sangat jelas menunjukkan hal itu. Orang yang belum percaya tidak mungkin tahan dan paham membaca bagian awal itu! Namun, kita justru sering asal berharap mereka langsung membaca ayat Yohanes 3:16 saja sehingga mereka akan "langsung percaya". Injil Yohanes justru ditulis untuk orang percaya, bahkan orang-orang percaya yang dewasa rohani. Injil Matius juga ditulis untuk orang percaya, tetapi orang-orang percaya yang belum dewasa rohani. Hanya Injil Markus dan Injil Lukaslah yang ditulis untuk orang berdosa. Keduanya itulah yang perlu kita gunakan dalam upaya penginjilan.

Injil Matius justru merupakan panduan untuk pemuridan. Matius bukan memberitahukan kepada kita hal-hal yang Yesus lakukan saja. Dia juga mengumpulkan ajaran-ajaran Yesus dan menggabungkannya ke dalam lima bagian utama, yang jelas menunjukkan bahwa Yesus adalah Musa yang baru. Musa memberikan kepada kita lima kitab Taurat, dan Yesus memberikan kepada kita lima kitab Kerajaan Allah. Temanya adalah Kerajaan Allah, dalam lima bagian. Bagian pertama, yang kita sebut "Khotbah di Bukit", membahas tema gaya hidup kerajaan. Lalu, ada tema misi kerajaan, dalam bagian kedua, yaitu pasal 10. Lalu, ada tema pertumbuhan atau pelebaran kerajaan, dalam pasal 13. Lalu, ada tema komunitas kerajaan, dalam pasal 18. Lalu, ada tema masa depan kerajaan, dalam pasal 24 dan 25. Kelima bagian ajaran itu ditujukan bagi para murid, bukan orang berdosa.

Neraka sebagai Penghukuman (Bagian 2)

Wajar jika kita terkejut saat menemukan bahwa Yesus jarang sekali, bahkan mungkin tidak pernah, membahas neraka saat berbicara kepada orang berdosa. Yesus pernah dua kali memperingatkan orang-orang Farisi tentang neraka, tetapi semua peringatan lainnya diberikan-Nya kepada para murid yang telah lahir baru, telah menerima Dia, telah percaya kepada nama-Nya, dan telah dilahirkan menjadi anak Tuhan. Itulah kejutan-Nya, karena memang ada pandangan klise yang tidak alkitabiah yang diyakini di mana-mana: "sekali selamat, tetap selamat selamanya". Namun, sebenarnya kita patut merenungkan bahwa Yesus mengkhususkan sebagian besar peringatan-Nya tentang neraka untuk para pengikut-Nya sendiri, yaitu mereka yang telah berkomitmen mengikut Dia dan percaya kepada-Nya. Apakah kini Anda dapat menangkap arti signifikan dari kenyataan itu? Saya yakin, salah satu alasan utama mengapa khotbah tentang neraka diperdebatkan dan ditentang adalah karena pengkhotbahnya sendiri merupakan orang-orang Kristen yang tidak takut neraka. Apakah Anda memahaminya? Pesan yang dikhotbahkan itu semacam, "Anda sekalian akan masuk neraka, tetapi saya tidak. Saya aman dan akan masuk surga." Khotbah semacam itu sombong dan sangat menyerang. Saya percaya bahwa tidak ada orang yang siap berkhotbah tentang neraka jika dia sendiri tidak takut masuk neraka meski sudah mengkhotbahkannya kepada orang lain. Justru orang-orang percayalah yang seharusnya berpikir tentang kemungkinan neraka. Para murid Kristuslah yang paling membutuhkan khotbah tentang neraka. Saya telah menjelaskan hal itu dengan lengkap dalam buku saya yang berjudul *The Road to Hell* (Jalan Menuju Neraka). Itulah sebabnya kejutannya sangat besar, karena dunia ini penuh dengan orang Kristen yang berpikir, "Saya sudah aman dan tidak mungkin masuk neraka."

Sebenarnya, kita harus bertanya hal apa yang dapat membawa seorang murid Kristus masuk neraka. Nah, kejutannya adalah perbedaan penekanan pada penyebabnya. Bagi orang berdosa

SURGA DAN NERAKA

yang abai, penekanannya adalah pada apa yang dilakukan, bukan pada apa yang tidak dilakukan. Sebaliknya, bagi orang percaya yang ceroboh, penekanannya adalah pada apa yang tidak dilakukan. Pelajari saja Khotbah di Bukit, maka Anda akan melihat bahwa isinya merupakan pengajaran untuk orang Kristen. Itu bukan ajaran untuk orang berdosa atau orang yang belum percaya. Isinya hampir mustahil dilakukan oleh orang percaya, apalagi oleh orang yang belum percaya. Itu ajaran untuk orang-orang yang telah menjadi anak-anak Kerajaan Allah.

Isinya menjelaskan kepada kita bahwa di dalam kerajaan itu tidak ada kemarahan, hawa nafsu, maupun kekhawatiran. Orang Kristen tidak usah khawatir sama sekali. Pasti Anda pun tahu hal itu. Nah, mengapa Anda tertawa saat membaca kalimat barusan? Mengapa Anda menganggapnya sebagai lelucon? Yesus berkata, "Di dalam Kerajaan-Ku, anak-anak tidak khawatir, karena khawatir adalah fitnah kepada Bapa di surga." Khawatir berarti berkata, "Bapa lebih peduli kepada taman-Nya dan hewan peliharaan-Nya daripada kepada anak-anak-Nya. Bapa memberi makan burung-burung di udara, mengenakan pakaian kepada bunga-bunga di padang, tetapi saya ini hanyalah anak-Nya, maka saya pantas khawatir." Itulah fitnah. Bacalah Khotbah di Bukit; itulah gambaran cara hidup yang diharapkan Yesus bagi murid-murid-Nya. Katakan "ya" jika ya dan "tidak" jika tidak, jangan bercerai dan menikah lagi, jangan membalas kejahatan dengan kejahatan.

Lalu, ada setidaknya lima peringatan tentang neraka pula di dalam Khotbah di Bukit. Saya mempunyai banyak buku di lemari yang membahas Khotbah di Bukit. Tidak satu pun di antara buku-buku itu yang pernah menyebut bahwa murid Kristus berisiko masuk neraka. Padahal, Yesus sendiri berkata, "... siapa yang berkata: Jahil! [kepada saudaranya] harus diserahkan ke dalam neraka yang menyala-nyala. Setiap orang yang memandang perempuan serta menginginkannya, sudah berzina dengan dia di dalam hatinya ... dicampakkan ke dalam neraka." Setelah

Neraka sebagai Penghukuman (Bagian 2)

selesai menyampaikan pengajaran itu kepada para murid-Nya, Yesus pun berkata, "Ada dua jalan yang bisa dipilih untuk kamu lewati. ... lebarlah pintu dan luaslah jalan yang menuju kepada kebinasaan ... sempitlah pintu dan sesaklah jalan yang menuju kepada kehidupan." Dia berbicara kepada para murid-Nya sendiri. Kenyataan itu amat sangat penting. Jika kita membaca sampai ke Matius 25, yang juga seluruhnya ditujukan untuk kedua belas murid yang mendengarkan Khotbah di Bukit, Yesus membahas para gadis yang kehabisan minyak lampu, orang yang mengubur talentanya, dan mereka yang tidak mengunjungi Dia saat di penjara atau tidak memberi pakaian kepada-Nya saat telanjang. Semua itu adalah hal-hal yang tidak dilakukan. Apakah Anda menyadarinya? Semua itu hal-hal yang dilewatkan. Itulah semuanya. Bukan hal-hal buruk. Bukan kejahatan. Bukan kekacauan. Itu "hanya" hal-hal yang tidak dilakukan, tetapi seharusnya dilakukan.

Saya tidak dapat menghindari pengajaran yang amat tegas dan jelas ini. Yang Yesus katakan sebenarnya adalah: ada dua hal yang dibutuhkan agar kita tidak masuk neraka, pengampunan sekaligus kekudusan. Salah satu contoh paling jelas ajaran tersebut terdapat dalam Injil Lukas, dalam cerita Yesus tentang sebuah perjamuan, yaitu bahwa tuan yang mengadakan perjamuan itu mengundang orang-orang untuk hadir tetapi orang-orang itu menolak undangannya. Orang yang satu berkata, "Aku telanjur membeli lembu dan aku harus mencobanya." Yang lain berkata, "Aku baru saja menikah dengan istriku." Yang lain lagi berkata, "Aku baru membeli sebidang ladang dan harus pergi memeriksanya." Semuanya menolak datang ke perjamuan. Tuan yang mengadakan perjamuan pun marah dan berkata kepada pegawainya, "Pergilah ke jalan-jalan besar dan jalan-jalan kecil. Undanglah semua orang untuk datang ke perjamuan itu, karena rumah-Ku harus penuh." Perumpamaan itu merupakan kisah yang sangat baik untuk memberitakan Injil. "Mari, datanglah, tempat telah tersedia. Ada tempat untuk Anda di meja perjamuan."

SURGA DAN NERAKA

Di dalam Injil Lukaslah kita dapat menemukan kisah itu untuk orang berdosa. Di dalam Injil Matius, kisahnya sedikit berbeda. Kisah itu berakhir dengan semua orang menerima undangan, datang ke perjamuan, tetapi satu orang datang tanpa mengenakan pakaian pesta yang layak. Tamu yang satu itu malas repot-repot berganti pakaian. Lalu, akhir kisah itu adalah orang yang tetap berpakaian tidak layak itu dibuang ke kegelapan luar, tempat ada ratap dan kertak gigi. Injil Matius ditujukan untuk orang percaya. Untuk orang yang belum percaya, pesannya adalah, "Mari datanglah, ada tempat untuk Anda di dalam perjamuan." Untuk orang percaya, pesannya adalah, "Datanglah dengan pakaian yang layak. Gantilah pakaian Anda; tanggalkan yang kotor dan kenakan yang baru. Kenakanlah pakaian yang benar yang sudah disediakan bagi Anda." Orang-orang yang tidak mau berganti pakaian pada akhirnya akan disingkirkan dari perjamuan.

Saya ingat pernah membaca buku *The Pilgrim's Progress* (Perjalanan Seorang Musafir) karya John Bunyan, lalu terkaget-kaget oleh kalimat di bagian akhirnya, ketika sang Musafir tiba di tepi Sungai Yordan, yang adalah sungai hitam kematian, dan teman seperjalanannya takut akan sungai itu. Si teman berbalik arah sambil berkata, "Saya mau mencari jalan lain saja untuk menyeberang," lalu mulai berjalan menyusur tepi sungai. John Bunyan menulis, "Demikianlah aku melihat dalam mimpi bahwa ada jalan menuju neraka juga di depan gerbang surga." Saya sangat yakin, dari hati saya yang terdalam, bahwa Gereja saat ini membutuhkan pesan tersebut melebihi masa sebelumnya. Mengapa Tuhan perlu memberikan pesan pertobatan kepada orang Kristen saat ini? Kenyataan itu luar biasa. Itu adalah pesan yang seharusnya ditujukan untuk orang berdosa. Mengapa disampaikan kepada Gereja? Menurut saya, karena kita telah lupa bahwa kita pun memiliki risiko yang sama.

Mari simak peringatan amat jelas yang pernah Yesus sendiri berikan. Dia berkata, "Janganlah kamu takut kepada mereka yang dapat membunuh tubuh, tetapi yang tidak berkuasa membunuh

Neraka sebagai Penghukuman (Bagian 2)

jiwa; takutlah terutama kepada Dia yang berkuasa membinasakan baik jiwa maupun tubuh di dalam neraka." Kepada siapa Dia berbicara saat itu? Orang berdosa? Bukan. Kaum Farisi? Bukan. Yesus sedang berbicara kepada kedua belas rasul, ketika mengutus mereka untuk menjadi misionaris. Yesus bukan menyuruh para murid-Nya itu untuk memberi tahu orang-orang lain tentang neraka. Yesus berkata, "Kamu harus takut akan neraka. Sambil pergi memberitakan Kerajaan Allah, membangkitkan orang mati, menjadikan orang kusta tahir, mengusir setan-setan, menyembuhkan orang sakit, dan menyatakan kerajaan itu sudah tiba, takutlah akan neraka." Saya yakin salah satu faktor yang hilang dalam penyembahan kita saat ini adalah takut akan Tuhan. Pernahkah Anda menyadarinya pula? Kini kita merasa terlalu akrab secara tidak sehat dengan Tuhan, tanpa merasa takut akan Tuhan. Saya juga yakin bahwa salah satu alasannya adalah orang percaya tidak lagi takut akan neraka, karena keduanya terkait amat erat. Takutlah kepada Dia yang berkuasa membinasakan baik jiwa maupun tubuh di dalam neraka. Pesan itu seharusnya kita renungkan, karena amat kita butuhkan.

Setiap penulis dalam Perjanjian Baru menyampaikan peringatan tentang bahaya kehilangan hal yang telah kita temukan di dalam Kristus. Saya sendiri menerima peringatan-peringatan itu dengan amat serius. Saat Yesus berkata, "Tinggallah di dalam-Ku. Akulah pokok anggur yang benar dan kamulah ranting-rantingnya. Ranting yang tidak melekat pada-Ku dan tinggal di dalam-Ku akan dipotong dan dibakar sampai habis." Saya menerima peringatan itu apa adanya sesuai yang tertulis. Paulus pun berkata, "... kemurahan-Nya atas kamu asalkan engkau tetap dalam kemurahan-Nya; jika tidak, kamu pun akan dipotong juga." Itu bukan berarti keselamatan oleh perbuatan; itu keselamatan oleh iman yang terpelihara, karena pengampunan adalah oleh iman dan kekudusan adalah oleh iman, tetapi keduanya perlu dilanjutkan terus-menerus. Tuhan menyediakan segala sesuatu yang kita butuhkan agar kita siap masuk surga. Namun, ada begitu

SURGA DAN NERAKA

banyak orang yang telah menerima undangan ke perjamuan tanpa berganti pakaian yang layak. Itulah pesan yang saya kemukakan kepada Anda dari Injil Matius.

Lalu, sekarang ada kabar baik. Tidak ada alasan mengapa kita masing-masing harus masuk neraka. Tahukah Anda alasan itu? Pertama, kita telah dikasihi oleh Bapa dan Bapa berada di pihak kita. Tuhan mengasihi kita. Dia tidak ingin siapa pun di semesta ini binasa sebagai sampah tak berguna. Dia telah melakukan segala sesuatu yang dapat dilakukan untuk menyelamatkan kita dari kebinasaan itu. Apa lagi yang belum Dia lakukan? Tuhan tidak pernah mempersiapkan neraka untuk kita. Dia mempersiapkan neraka untuk malaikat-malaikat jahat, bukan untuk kita. Tuhan sama sekali tidak senang membuang manusia ke neraka. Dia sungguh terluka saat harus melakukan hal itu. Gambaran Tuhan yang berkobar dalam api dendam dan membalas orang-orang berdosa dengan melemparkan mereka ke dalam neraka yang menyala-nyala adalah fitnah kepada Tuhan. Tuhan sama sekali tidak senang atas kematian orang jahat. Justru, hal itu merupakan duka yang begitu pahit bagi-Nya, bahwa ada manusia yang telah diciptakan menurut gambar dan rupa-Nya tetapi harus dibuang ke neraka.

Berikutnya, kita juga telah ditebus oleh Yesus. Tahukah Anda bahwa Yesus turun ke neraka bukan setelah kematian tetapi sebelum itu? Yesus turun ke neraka dan berada di dalam neraka selama tiga jam, dari tengah hari sampai pukul tiga petang. Secara fisik, tubuh Yesus sedang tergantung di salib ketika itu, tetapi Dia sedang turun ke neraka. Bagaimana saya bisa tahu hal itu? Sederhana saja. Saat itu gelap gulita, tidak ada cahaya sama sekali. Kita tidak bisa melihat apa-apa sama sekali. Ketika itulah Yesus berseru, "Aku haus. Aku haus." Dan, yang terutama, ketika itulah pula Yesus berseru, *"Elohim, Elohim, lama sabachthani,"* (Tuhan-Ku, Tuhan-Ku, mengapa Engkau meninggalkan Aku?). Itulah neraka. Yesus turun dan mengunjungi neraka agar kita tidak perlu lagi masuk neraka. Dia melakukannya demi menyelamatkan

Neraka sebagai Penghukuman (Bagian 2)

kita dari neraka.

Ketiga, kita memiliki pertolongan Roh Kudus. Kita berkata, "Saya tidak mungkin bisa hidup kudus. Saya tidak akan pernah menjadi cukup baik untuk masuk surga." Padahal, kita bisa menjadi kudus dan baik, karena Tuhan telah memberikan kuasa ilahi-Nya kepada kita. Orang Kristen seharusnya tidak pernah berkata satu hal: "saya tidak bisa". Ada sebuah pernyataan singkat di dalam kitab Titus yang berkata, "Karena anugerah Allah ... mendidik kita supaya kita meninggalkan kefasikan..." Tuhan mengasihi Anda; Yesus mati bagi Anda; dan Roh Kudus-Nya tersedia bagi Anda. Anda bukan saja dapat diampuni, Anda juga bisa dijadikan siap masuk surga. Charles Wesley pernah menulis lirik lagu yang amat terkenal, dengan salah satu bagian yang berbunyi, "*A charge to keep I have, a God to glorify, a never-dying soul to save, and fit it for the sky,*" (Aku memiliki tanggung jawab untuk kupertahankan, Tuhan yang harus kupermuliakan, jiwa yang kekal yang harus kujaga keselamatannya serta kusiapkan agar layak naik ke surga). Baris yang terakhir itu sama pentingnya dengan baris-baris sebelumnya. Kita dipanggil bukan untuk memaksa orang lain mengambil keputusan. Kita dipanggil untuk menjadikan orang murid Kristus dan mengajar mereka hidup menurut ajaran Yesus. Tanggung jawab itu panjang, bukan hanya lima menit saat khotbah atau kebaktian berakhir. Itu tanggung jawab seumur hidup. Itulah yang Yesus katakan di dalam Injil Matius. Perhatikan saja semua ajaran Yesus tentang neraka, maka Anda akan menemukan bahwa hampir semuanya tidak ditujukan untuk orang berdosa tetapi untuk mereka yang telah meninggalkan segala sesuatu, mengikut Dia, dan berkomitmen kepada-Nya.

Semoga kenyataan itu menyadarkan kita. Setidaknya, saya tahu telah banyak pertanyaan timbul karena hal itu. Coba saja Anda pelajari di dalam Alkitab. Jangan asal percaya terhadap apa pun yang saya katakan; percayalah hanya jika hal itu sesuai dengan yang Anda temukan di dalam Alkitab. Amati saja setiap peringatan Yesus dan tanyakan, "Kepada siapa Yesus berbicara saat itu? Untuk siapa peringatan-Nya itu?" Di sisi lain, jangan pula terlalu panik atau depresi sampai-sampai tiap hari bertanya-tanya dalam keraguan, "Selamatkah saya? Atau binasa?" Kita dapat yakin dengan pasti bahwa kita sedang menuju surga. Namun, keyakinan itu tidak muncul dari keputusan yang kita ambil bertahun-tahun yang lalu, tetapi dari hubungan pribadi kita dengan Tuhan saat ini. Firman Tuhan berkata, "Roh Tuhan sendiri bersaksi bersama roh kita." Saat bangun pagi tiap hari, kita dapat yakin bahwa kita sedang menuju surga. Jika kita tetap berjalan bersama Tuhan dan Roh-Nya, kita dapat memiliki keyakinan di hati bahwa kita sedang menuju surga. Itu bukan jaminan bahwa kita akan tiba di surga dan masuk, melainkan jaminan bahwa arah kita benar menuju surga.

Salah satu hal pertama yang terjadi pada kita saat kita berdosa adalah kehilangan keyakinan itu. Saat kita berjalan melenceng dari arah yang benar itu, kita bergerak keluar dari hubungan kita dengan Tuhan. Tetaplah di dalam hubungan itu, maka kita akan menikmati keyakinan itu setiap hari sehingga kita dapat berkata, "Saya sedang menuju surga." Di dalam Alkitab, keselamatan adalah sebuah jalan. Perjalanan. Bukan satu titik yang instan. Siapa pun yang bertobat telah memasuki jalan itu dan melangkah dalam perjalanan itu, menuju kemuliaan surga. Roh Tuhan ingin memberi kita keyakinan akan kasih Tuhan, bahwa Dia sungguh ingin kita tiba di tujuan itu dan bahwa Dia berada di pihak kita. Tidak ada hal lain yang dapat memisahkan kita dari kasih Tuhan selain diri kita sendiri. Jika kita tetap berjalan di dalam kasih-Nya, seperti yang Paulus katakan, kita tidak akan dipotong. Fakta bahwa 2,5 juta orang keluar dari Mesir tetapi hanya dua orang yang akhirnya masuk Kanaan telah menjadi peringatan serius untuk orang percaya dari tiga penulis dalam Perjanjian Baru. Tuhan tidak hanya ingin menyelamatkan kita *dari* kebinasaan; Dia juga ingin menyelamatkan kita *untuk* masuk surga. Tuhan ingin membawa kita ke surga dan mempersiapkan kita untuk masuk surga, agar ketika kelak kita tiba di surga, sungguh-sungguh ada

Neraka sebagai Penghukuman (Bagian 2)

sekumpulan besar orang kudus yang berduyun-duyun masuk. Mungkin itu merupakan hal yang paling serius sekaligus mengejutkan bagi Anda. Mungkin pula, Anda tidak menyangka akan mendengar kebenaran itu. Anda mungkin berpikir saya akan berkata semua orang berdosa di luar sana sedang menuju neraka dan mereka terancam bahaya kebinasaan. Memang benar, dan itu adalah motivasi bagi kita untuk pergi dan menarik mereka dari jalan kebinasaan itu selagi kita bisa. Namun, di sisi lain tetaplah pertahankan rasa takut akan neraka itu di dalam hati Anda sendiri, supaya jangan setelah memberitakan kebenaran kepada orang lain Anda sendiri ditolak masuk.

Nah, neraka adalah topik serius yang mengandung dampak nyata bagi orang Kristen. Neraka berdampak pada penyembahan kita, menurut saya dalam dua hal. Pertama, neraka menjadikan kita mengucap syukur dengan lebih sungguh-sungguh kepada Tuhan atas apa yang telah dilakukan-Nya bagi kita. Ketika kita menerima roti dan anggur dalam perjamuan kudus, kita akan merasakan syukur yang besar. Kita akan ingin terus berkata, "Terima kasih, terima kasih, terima kasih..." Dalam bahasa Yunani, itu berarti kita berkata, "*Eucharisteo, eucharisteo, eucharisteo...*" Dari kata itulah muncul kata "ekaristi", yang berarti ucapan terima kasih karena Tuhan telah turun ke neraka dan menjalani neraka agar kita tidak perlu masuk neraka. Neraka memunculkan ucapan syukur, tetapi juga rasa gentar dan hormat, sehingga takut akan Tuhan muncul kembali di tengah-tengah Gereja. Takut akan Tuhan itu tidak hanya akan terlihat dalam penyembahan kita, tetapi juga dalam kekudusan hidup kita. Jika kita tidak memiliki rasa takut itu, dosa akan membuat kita kehilangan apa yang telah kita terima, karena kita tidak menganggap nilainya serius.

Adalah sungguh-sungguh tidak adil jika Tuhan membuang orang tidak percaya ke neraka karena dosa perzinahan sementara menutup mata terhadap orang percaya yang tetap tinggal di dalam dosa yang sama. Banyak orang berkata, "Saya aman." Yang mereka katakan itu sebenarnya, "Dia memang pelacur,

SURGA DAN NERAKA

pecandu narkoba, tetapi puji Tuhan karena saat berumur sembilan tahun dia pernah mengambil keputusan yang tepat." Itu omong kosong. Perjanjian Baru berkata, "Kejarlah kekudusan sebab tanpa kekudusan tidak seorang pun dapat melihat Tuhan." Berikutnya, kebenaran itu berdampak pula pada penginjilan yang kita lakukan. Kita tidak lagi hanya berusaha menyenangkan orang atau memberikan solusi untuk masalah sehari-hari mereka. Kita kini menarik mereka dari bahaya neraka. Itulah penginjilan yang sebenarnya: menarik orang agar keluar dari kondisi tidak berguna dan tidak bertuhan dalam kekekalan. Itulah yang kita sasar. Kita tidak sekadar berusaha berbuat kebaikan kepada mereka atau menambahkan sisi yang lebih baik untuk kehidupan mereka. "Anda perlu datang ke gereja. Suasananya sangat hangat dan kekeluargaan. Kami akan senang untuk bersahabat dengan Anda. Anda pasti suka bersekutu dengan kami." Bukan itu sasaran kita. Kita tidak sedang berusaha membawa orang masuk ke dalam klub agama. Kita berusaha menarik dan merebut orang dari api neraka. Itu seharusnya menjadi motivasi terbesar kita dalam pekerjaan misi. Itu seharusnya berdampak besar dalam banyak hal pada diri kita.

Yang terakhir, orang yang takut akan neraka akan lebih kuat menghadapi ancaman mati sebagai martir. Ketika Yesus berkata, "Takutlah kepada Dia yang berkuasa membinasakan baik jiwa maupun tubuh di dalam neraka," yang dikatakan-Nya adalah takut akan Tuhan akan menggantikan takut akan manusia. Takut kepada yang besar itu mengalahkan takut kepada yang kecil. Itu benar. Saat takut kepada hal yang besar, rasa takut kita kepada hal yang kecil akan hilang. Takut yang besar itu adalah takut masuk neraka. Jika itulah yang kita takuti lebih daripada ketakutan lainnya, kita akan sanggup menghadapi ancaman apa pun atau siapa pun. Orang yang takut akan Tuhan tidak takut kepada siapa pun atau apa pun yang lain. Saya teringat akan salah satu martir mula-mula, Polikarpus dari kota Smirna. Dia diancam akan dibakar hidup-hidup di atas panggangan berbentuk plat besi yang merah membara. Polikarpus berkata, "Engkau mengancam aku dengan api yang akan mematikan tubuhku, tetapi yang kutakuti adalah api yang dapat mematikan diriku selama-lamanya." Lalu, dia menghadapi kematiannya.

Takut akan Tuhan dan neraka menjadikan orang Kristen berani. Jika kita takut akan Tuhan, rasa takut kita yang lain hilang. Kita tidak perlu terapi untuk segala macam rasa takut lainnya. Kita hanya perlu takut akan Tuhan. Takut akan Tuhan muncul dalam banyak pembahasan di dalam Perjanjian Lama maupun Perjanjian Baru. Kehidupan Kristen menjadi kuat dan berdaya ketika ada takut akan Tuhan, karena Tuhan kita adalah api yang menghanguskan. Maka, marilah kita datang mendekat kepada-Nya dengan takut dan gentar, dengan hormat dalam penyembahan kepada-Nya.

Demikianlah, pembahasan tentang neraka kita sudahi. Dalam bab berikutnya, kita akan membahas perjalanan kita menuju kemuliaan surga. Amin.

Bab 6

SURGA SEBAGAI UPAH

Karena berbagai alasan, neraka ditentang sebagai tidak ada, termasuk bahkan di kalangan orang percaya. Di sisi lain, tidak ada yang menentang adanya surga. Menarik, bukan? Kita biasanya memperdebatkan sesuatu yang tidak kita sukai, sedangkan kita tidak ingin memperdebatkan sesuatu yang kita sukai. Meski demikian, ada pula orang-orang yang belum percaya yang memperdebatkan surga, termasuk mencela kita karena percaya adanya surga. Secara khusus, celaan itu berbentuk dua macam kritik. Sebagian orang tidak percaya menuduh kita mengalami delusi yang sebenarnya tidak berbahaya. Mereka berkata surga merupakan buah dari imajinasi manusia, sebagai kompensasi atas kesulitan hidup di dunia. Surga seperti dongeng anak-anak, dengan gerbang mutiaranya dan jalan-jalan emasnya, yang sungguh luar biasa. Maka, sama halnya dengan neraka yang sering dijadikan bahan lelucon, surga pun demikian. Biasanya, lelucon tentang surga melibatkan Rasul Petrus.

Sebagian orang Yahudi pun berkelakar tentang surga; kata mereka, "Lihat saja, orang Saduki 'kan tidak percaya ada surga, itu sebabnya mereka selalu sedih!" Anda tentu tidak akan lupa lelucon semacam itu! Suatu ketika, orang-orang Yahudi mendatangi Yesus dan berkata, "Ada wanita yang suaminya meninggal, lalu adik suaminya itu menikahi dia, tetapi meninggal juga. Seperti itu terus sampai tujuh saudara menikahi wanita itu dan meninggal. Maka, totalnya wanita itu memiliki tujuh suami. Nanti di surga pasti kacau sekali. Saat kebangkitan, dia menjadi istri siapa?" Mereka saling melempar pandangan sinis, lalu Yesus menjawab. "Kamu tidak mengenal kitab suci, dan kamu tidak

SURGA DAN NERAKA

mengenal kuasa Tuhan. Di surga, tidak ada menikah [untuk pria, dalam konteks budaya mereka] atau dinikahkan [untuk wanita, dalam konteks budaya mereka], dan kamu akan menjadi seperti malaikat, yang hidup selamanya." Omong-omong, ketika itulah Yesus berkata bahwa malaikat tidak mati.

Berikutnya, orang-orang menuduh kita sengaja menciptakan distraksi yang berbahaya, bukan hanya delusi yang tak berbahaya. Mereka menganggap surga sebagai cara kita melarikan diri dari kehidupan nyata, yang membuat orang puas dengan kondisi yang buruk di dunia, bagaikan lirik lagu-lagu pujian para budak berkulit hitam di masa silam. Ingatkah Anda sebuah lagu yang sering dinyanyikan budak-budak, yang liriknya berkata, *"I got shoes; you got shoes; when I get to heaven, I'm gonna put on my shoes, gonna walk all over God's heaven"* (Aku punya sepatu, kau punya sepatu; saat nanti tiba di surga, aku akan pakai sepatu, aku akan berjalan-jalan berkeliling di surga)? Penganut aliran Reformasi berkata, "Itu sama saja dengan membodohi para budak, supaya mereka tetap bahagia meski tak punya sepatu, dengan cara mengajari mereka ada surga." Bahkan, tidak lain dari Charles Kingsley, sang penulis *Tom and the Water Babies*, yang telah menyebut pengharapan akan surga adalah narkoba atau candu bagi masyarakat, meski dirinya sendiri adalah pendeta Anglikan. Karl Marx pun mengambil istilah itu, "candu masyarakat", tetapi dia menyebut kekristenan sebagai candu itu. Menurut dia, kekristenan hanyalah narkoba yang membuat orang merasa bahagia meski hidup di dalam kondisi sosial yang buruk di dunia saat ini.

Dunia memang mencela Gereja karena terlalu banyak membahas surga. Sayangnya, Gereja mendengarkan dan menuruti celaan dunia itu, lalu membiarkan agenda dunia berjalan. Saat ini, Gereja jarang sekali membahas surga. Sadarkah Anda bahwa kini hampir tidak ada lagu yang ditulis tentang surga, apalagi tentang neraka, meski dahulu lagu-lagu demikian sering kita nyanyikan? Kita telanjur terjerumus ke dalam lubang kritik dunia sehingga

Surga sebagai Upah

setelah dahulu terlalu berfokus pada masa depan, kini justru terlalu kurang memikirkan masa depan? Kita harus kembali ke jalur yang benar dan menyeimbangkan fokus kembali dengan Firman Tuhan.

Nah, saya ingin membahas topik surga. Kata "surga" di dalam Alkitab adalah kata yang sangat lentur artinya. Contohnya, kata itu digunakan untuk merujuk pada lapisan udara tempat burung-burung terbang (dalam bahasa Indonesia, "langit"). Sedikit lebih tinggi lagi, kata yang sama juga merujuk pada tempat awan-awan berkumpul, serta tempat di atas lapisan awan-awan itu. Bahasa Ibrani memahami langit atau surga dalam bentuk lapisan-lapisan, sehingga mereka memiliki istilah-istilah seperti "langit ketiga" dan "langit ketujuh". Bahkan, Paulus juga pernah berkata dia mengenal seorang pria (kemungkinan yang dimaksud ialah dirinya sendiri) yang pernah mengalami keluar dari tubuh fisiknya; hal itu merupakan pengalaman roh keluar dari tubuh, yaitu rohnya keluar lalu pergi berkunjung ke langit ketiga. Dia melihat sendiri hal-hal yang amat menakjubkan, sehingga Tuhan perlu menaruh duri di dalam dagingnya agar dia tidak sombong setelah pengalaman itu. Maka, surga di dalam Alkitab memang berarti banyak hal mengerikan, tetapi surga yang tertinggi justru merupakan tempat kediaman Tuhan sendiri. Saat kita berbicara dengan Tuhan, kita berbicara ke surga dengan Dia.

Kunci untuk memahami surga di dalam Alkitab adalah mempelajari hubungan antara surga dan bumi dalam aspek rohani, bukan aspek ruang angkasa. Perhatikan bagian awal Alkitab, bahwa pada awalnya saat dosa belum ada di dunia, surga dan bumi amat sangat dekat. Jaraknya begitu dekat sehingga Tuhan bisa berjalan-jalan di bumi, dan Adam mendengar suara Tuhan berjalan di taman pada sore hari. Namun, begitu kita tiba pada pembahasan tentang masuknya dosa untuk pertama kali di dunia, kita akan melihat bahwa ada jurang besar yang muncul dan perlahan-lahan surga menjadi makin jauh dari bumi. Demikian pula, jika kita ingin Tuhan mendengar doa kita, kita perlu memanggil nama-Nya. Kita jadi perlu menyembah dengan suara-suara keras, agar Tuhan mendengarnya. Seperti itukah yang Anda pahami saat membaca Perjanjian Lama?

Contoh yang klasik pula adalah ketika Yakub bermimpi di Bethel, ketika dia melihat tangga berukuran raksasa menghubungkan langsung bumi dengan surga. Yakub melihat malaikat-malaikat naik-turun di tangga itu. Itu pun merupakan sebuah petunjuk. Mengapa ada jauh lebih banyak Alkitab dalam Perjanjian Lama daripada Perjanjian Baru? Jawabannya bukan karena Perjanjian Lama mencakup durasi masa yang lebih panjang. Ada alasan lain yang lebih tegas. Tuhan berada di atas sana, di langit tertinggi, surga. Kita jauh di bawah, di bumi ini. Bagaimana cara kita berkomunikasi dengan Tuhan? Jawabannya adalah melalui malaikat. Malaikat adalah pelayan-pelayan yang membawa pesan Tuhan bagi kita di sini, lalu naik membawa pesan-pesan kita kepada Tuhan. Nah, kini Anda merasa seolah ada jurang yang jauh di antara surga dan bumi di sepanjang Perjanjian Lama, jarak yang amat sangat jauh ke langit tingkat tertinggi tempat Tuhan berdiam.

Namun seketika setelah Yesus turun ke bumi, jarak yang jauh itu terjembatani dan celahnya tertutup. Jelas sekali. Saya ingin beralih ke salah satu hal menarik yang Yesus katakan dalam Injil Yohanes pasal 3. Semua orang tahu ayat 16-nya, tetapi hanya sedikit yang tahu ayat 14 atau 12, padahal kedua ayat itu sama pentingnya. Inilah kedua ayat itu. Yesus berkata, "Tidak ada seorang pun yang telah naik ke surga, selain Dia yang telah turun dari surga, yaitu Anak Manusia, yang ada di surga." Anda sadar akan bagian terakhir ucapan itu? Dengan kata lain, ketika Yesus datang, Dia tidak meninggalkan surga. Dia membawa surga bersama diri-Nya. Surga kini kembali terhubung dengan bumi. Kerajaan Surga sudah dekat, dan "sudah dekat" berarti ada di hadapan kita. Kita kini bisa merentangkan tangan dan menjangkau untuk menyentuhnya. Kerajaan Surga sudah ada di sini sekarang. Surga kembali terhubung dengan bumi ketika

Surga sebagai Upah

Yesus datang. Celah berjarak di antara kedua tempat itu tertutup kembali. Surga itu sangat nyata dan sangat dekat, dan Yesus masih tinggal di surga ketika hidup di bumi. "Tidak ada seorang pun yang telah naik ke surga, selain Dia yang telah turun dari surga, yaitu Anak Manusia, yang ada di surga."

Lalu, sebuah ayat lain dalam Yohanes pasal 3 adalah sebagai berikut. Yesus berkata, "Kamu tidak percaya, waktu Aku berkata-kata kepadamu tentang hal-hal duniawi, bagaimana kamu akan percaya, kalau Aku berkata-kata kepadamu tentang hal-hal surgawi?" Jika orang tidak percaya apa yang Yesus katakan tentang kehidupan ini, bagaimana mungkin mereka akan percaya apa yang Dia katakan tentang kehidupan yang akan datang? Yesuslah satu-satunya sumber tepercaya untuk informasi yang kita bisa peroleh tentang dunia lain, karena Dialah satu-satunya yang pernah ke sana dan kembali ke sini untuk memberi tahu kita.

Mari kita membahas surga sekarang. Di bagian akhir Alkitab, kita melihat ada langit yang baru dan bumi yang baru. Hal tersebut cukup penting, karena Anda tentu tahu kebanyakan orang berpikir masuk surga berarti pergi ke suatu tempat yang lain, padahal Tuhan telah memiliki suatu masa depan bagi bumi ini. Bumi ini akan dijadikan bumi yang baru. Saya jadi bertanya-tanya kapan Anda terakhir kali mendengar khotbah tentang bumi yang baru. Saya sendiri suka membahasnya dalam khotbah. Suatu ketika, saya berada di kota Sydney, Australia, di lokasi yang berjarak sekitar 8 km dari Pantai Bondi. Saat itu, saya berkata, "Di bumi yang baru nanti, tidak akan ada matahari, laut, dan seks." Wajah semua pendengar khotbah itu langsung masam. Mereka langsung kelihatan ingin cepat-cepat meninggalkan kebaktian lalu menikmati suasana Pantai Bondi, terutama ketiga hal yang baru saya sebutkan itu, sepuas-puasnya. Ada pula hal lain yang saya ingin beri tahukan kepada Anda. Meski ketiga hal tersebut tidak akan ada di bumi yang baru kelak, kita tidak akan menginginimya lagi. Bumi yang baru itu akan luar biasa indah dan menyenangkan, sekaligus sangat berbeda.

SURGA DAN NERAKA

Tuhan tidak ingin menebus kembali manusia saja; Tuhan ingin menebus kembali seluruh makhluk. Dia ingin menjadikan segala sesuatu baru, dan itu berarti bukan hanya manusia, karena planet kita ini telanjur menua dalam kondisi terjarah habis-habisan dan rusak. Kaum humanis berpikir planet Bumi ini satu-satunya tempat tinggal kita selamanya, sehingga mereka panik. Itulah sebabnya, gerakan hijau kini sudah menjadi seperti agama, dengan pemujaan kepada Ibu Pertiwi yang serupa dengan ritual kesuburan sekte penyembah Baal. Anda bisa percaya ucapan saya ini. Banyak orang Kristen kini khawatir tentang lingkungan, tetapi kita sebenarnya tidak perlu khawatir, karena kita tahu Tuhan yang sama yang telah menciptakan semuanya ini akan menciptakan bumi yang baru. Akan ada kota yang baru, yang besar.

Saya sendiri melakukan pekerjaan arsitektur di waktu luang, dan kebanyakan proyeknya adalah membuat rancangan bangunan gereja yang tidak tampak seperti bangunan gereja, tetapi lebih menyerupai rumah bagi umat Tuhan. Saya memang memiliki minat khusus di bidang arsitektur. Salah satu masalah yang dialami para arsitek adalah bagaimana caranya merancang bangunan yang besar atau kota yang besar tetapi skalanya tetap cocok untuk manusia. Saya telah mempelajari banyak kota "baru" yang ada: Brasilia di Brasil, serta Canberra di Australia. Menariknya, pada kedua kasus itu, ada bendungan dengan aliran air yang dibuat untuk melintasi garis tengah kota. Unsur itu meniru kota Yerusalem Baru, tetapi di kedua kota itu tidak dibuat dengan berskala manusia.

Saya jadi ingin segera melihat arsitektur kota Yerusalem Baru. Bagaimana caranya Tuhan membangun kota sebesar itu tetapi mempertahankan suasana dan skalanya seperti kota kecil yang ramah dan nyaman, dengan ukuran yang manusiawi. Sadarkah Anda seberapa besar ukuran kota Yerusalem Baru itu kelak, yang perancang dan penciptanya adalah Tuhan sendiri, dan yang dituju oleh Abraham sendiri? Jika bulan itu kosong, kota itu mungkin bisa muat dimasukkan ke dalam bulan. Jika dibandingkan dengan luas benua Eropa, kota itu akan seluas dua pertiga wilayah Eropa. Ruangnya berukuran 2.414 km pada setiap sisi tiga dimensi, panjang lebar dan tingginya, maka bentuknya adalah piramida atau kubus. Saya tidak mengerti bagaimana cara Tuhan merancangnya, tetapi saya sudah tak sabar ingin melihatnya. Kota itu akan menjadi kota yang paling sempurna yang ada. Begitu melihatnya, Anda pun akan berkata, "Oh, saya ingin tinggal di sana selama-lamanya!" Lalu, Tuhan berkata, "Sudah ada kamar yang khusus disediakan bagimu."

Sekarang, saya ingin membuktikan bahwa Alkitab merupakan hasil inspirasi dari Tuhan dan hanya mungkin ditulis oleh Tuhan sendiri yang memakai penulis-penulis manusia. Dari salah satu buku paling menarik yang saya miliki, saya belajar tentang sesuatu. Saya tidak tahu apakah Anda memahami cahaya yang terpolarisasi. Cahaya normal memantul pada penglihatan kita dari segala arah. Cahaya itu terefleksi pada kita, maka garis-garis cahaya yang normal seperti itu bergerak ke segala arah. Sebaliknya, garis-garis cahaya yang terpolarisasi hanya bergerak lurus. Jika kita memakai kacamata gelap dengan lensa polarisasi, lensa itu hanya dapat ditembus oleh cahaya yang bergaris lurus, sedangkan garis-garis cahaya yang memantul segala arah tidak akan tembus. Jika kita memiliki dua kacamata gelap dengan lensa polarisasi, lalu kita mengatur posisi keduanya pada sudut yang tepat, yang muncul adalah cahaya polarisasi silang, yaitu cahaya yang sangat murni.

Mari kita lihat contohnya pada batu-batu permata berharga di perhiasan para wanita. Anda akan terkejut melihatnya. Jika batu permata itu diiris sangat tipis, lalu irisan itu dilihat melalui cahaya polarisasi silang, yaitu dengan dua lensa polarisasi para sudut yang tepat, akan terjadi salah satu dari dua kemungkinan. Pertama, batu itu akan menampakkan warna-warni pelangi dengan pola uniknya masing-masing, atau kedua, batu itu akan tampak hitam dan sama sekali tidak berwarna. Anda ingin tahu apa arti kedua kemungkinan efek itu? Banyak wanita akan sangat marah kepada suami mereka setelah tahu! Misalnya, berlian dan mirah delima akan berwarna hitam saat terkena efek cahaya murni. Garnet juga akan berwarna hitam dengan efek tersebut, tetapi batu-batu permata lainnya akan menampakkan warna-warni pelangi. Nah, saya memiliki buku karya seorang ilmuwan yang membahas bahwa banyak batu permata akan menampakkan warna-warni pelangi dengan efek cahaya murni, dengan pola unik yang berbeda-beda. Namun, di kota Yerusalem Baru, batu permata yang Tuhan gunakan hanyalah yang akan menampakkan warna-warni pelangi jika disinari cahaya murni. Semua batu yang lain tidak dipakai. Tidak mungkin Rasul Yohanes mengetahui hal itu saat dia menulis kitab Wahyu, karena cahaya terpolarisasi dan efeknya baru ditemukan beberapa dekade yang lalu oleh manusia. Lalu, bagaimana Rasul Yohanes bisa tahu efek itu? Dapatkah Anda membayangkan tampilan kota Yerusalem Baru?

Ada sisi lain yang juga menarik: *bentuk* batu-batu permata itu. Bentuk kristal batu-batu permata itu berbeda. Semua batu permata yang digunakan di kota Yerusalem Baru berbentuk bersudut, sehingga mudah untuk dipasang pada posisi yang pas dalam pembuatan bangunan, sementara bentuk kristal banyak batu lainnya lebih menyerupai kelereng yang bulat sehingga sulit digunakan dalam pembangunan. Batu-batu yang tak bersudut itu tidak dipakai Tuhan dalam kota Yerusalem Baru. Bagaimana Yohanes bisa tahu? Hanya Tuhan yang tahu. Sekali lagi, saya menyebutkan kebenaran ini untuk menekankan bahwa kita tidak sedang menikmati dongeng isapan jempol. Kita membahas sesuatu yang sangat nyata. Bagi saya, itu adalah bukti bahwa Alkitab ditulis dari inspirasi Roh Kudus-Nya, karena sebelum zaman modern siapa pun tidak akan tahu semuanya itu kecuali Tuhan.

Bagaimana kehidupan di kota Yerusalem Baru itu kelak? Akan ada pohon-pohon buah yang siap dipanen setiap bulan. Pola makan kita akan sarat dengan konsumsi buah-buahan. Ada satu pohon yang muncul kembali di kota itu, yang sempat

Surga sebagai Upah

menghilang di sepanjang Alkitab sejak bagian awalnya. Itulah pohon kehidupan, yang menyediakan seluruh pasokan mineral, karbohidrat, protein, dan vitamin yang kita butuhkan untuk hidup, karena tubuh kita tidak akan lelah atau sakit sama sekali. Tubuh kita akan menjadi seperti mesin yang sangat efisien dan mereproduksi dirinya sendiri. Kulit kita akan berganti setiap enam bulan. Tahukah Anda bahwa kebanyakan debu di kamar tidur kita berasal dari sel-sel kulit kita sendiri? Teorinya, tubuh kita seharusnya mampu memperbaharui diri, tetapi para kenyataannya tubuh kita menua dan rusak dan para ilmuwan tak mengerti penyebabnya. Satu-satunya penyebab tubuh kita mati dan membusuk adalah karena tubuh kita itu milik orang berdosa yang rusak. Tuhan tidak akan membiarkan tubuh kita rusak jika seumur hidup kita kudus.

Kembali lagi, bagaimana kehidupan di sana kelak? Saya akan menyebutkan 14 poin kepada Anda, tujuh yang negatif dan tujuh yang positif. 7 adalah angka kesempurnaan, maka bagus sekali bahwa kita mengamati tujuh poin ini tentang surga. Pertama-tama, apa saja yang tidak ada dalam kehidupan di surga, yaitu kota metropolis Yerusalem Baru itu? Omong-omong, gerbang kotanya akan selalu terbuka, maka kita bisa bebas menjelajahi seluruh semesta kapan saja. Kita bisa melangkah ke luar angkasa dengan bebas, seperti Yesus dulu naik ke surga, dan kita bisa berlibur di Mars atau pergi ke mana saja. Wah, betapa asyiknya semesta yang bisa bebas dijelajahi seperti itu!

Sisi negatifnya, apa saja yang tidak akan ada di sana? Seperti yang telah saya katakan sebelumnya, tidak akan ada seks. Penting untuk kita sadari bahwa pernikahan adalah seumur hidup. Pernikahan tidak berlanjut setelah kematian. Janji nikah pun berkata, "Sampai maut memisahkan." Saat bertemu kembali di surga, pasangan suami istri akan menjadi saudara-saudari. Salah jika kita mengajarkan bahwa pernikahan akan diperbaharui setelah kematian. Pemahaman yang salah itu merupakan ajaran gereja Mormon, Mereka mengajarkan bahwa kita bisa menikah

SURGA DAN NERAKA

secara kekal jika pernikahan itu dilangsungkan di salah satu kuil Mormon, padahal Yesus sudah mengajarkan kebenarannya dengan berkata, "Kamu tidak akan menikah atau dinikahkan." Itulah sebabnya, jika kematian memutuskan ikatan pernikahan, pasangan yang masih hidup bebas untuk menikah dengan orang lain. Bahkan, pernikahan yang berikutnya itu bisa jadi menghargai kenangan pasangan yang meninggal dalam pernikahan sebelumnya. Memang, ada sebagian orang yang menahan orang menikah kembali setelah pasangannya meninggal. Sebenarnya hal yang demikian tidak perlu dilarang. Sekali lagi, di surga tidak ada seks, maka hubungan darah yang manusiawi pun berakhir, Di surga, kita akan menjadi bagian dari sebuah keluarga yang berbeda.

Yang kedua, tidak akan ada penderitaan: tidak ada rumah sakit, tidak ada rumah sakit jiwa, tidak ada kuburan, tidak ada rasa sakit, tidak ada kecacatan atau ketidaknormalan fisik apa pun. Mungkin masih akan ada bekas luka, yang menjadi tanda kehormatan. Saya sendiri yakin bahwa Yesus pun akan tetap memiliki bekas lubang paku, Paulus akan tetap memiliki bekas-bekas luka yang mungkin jauh lebih banyak daripada orang-orang lain, tetapi semua bekas luka itu akan menjadi kebanggaan dan kehormatan. Paulus telah menderita bagi Yesus, tetapi di surga dia tidak cacat, tidak merasa sakit, dan tidak menderita lagi serta tidak lagi terpisah dari Yesus.

Bukankah kehidupan ini penuh dengan perpisahan? Saya telah mengalami menunggu lama di ruang-ruang tunggu bandara, dan saya suka mengamati orang-orang selagi di sana. Kadang, mereka cepat-cepat berjalan mendekat satu sama lain sambil merentangkan tangan dan segera berpelukan seolah menyatu, tetapi kadang pula saya melihat orang-orang berpisah setelah berpelukan dengan enggan dan penuh ekspresi kesedihan. Ada terlalu banyak perpisahan di dalam kehidupan ini. Mungkin tidak akan ada perpisahan lagi di surga.

Mungkin itulah sebabnya tidak akan ada laut di surga, karena laut itu memisahkan. Untuk bertemu orang lain kadang kita perlu

Surga sebagai Upah

menyeberangi laut, dan bagi orang Yahudi laut selalu merupakan rintangan yang memisahkan mereka dari orang lain. Di surga tidak akan ada yang demikian itu, tidak akan ada jarak pemisah. Tidak akan ada kesedihan, dan menurut saya itu salah satu pernyataan yang paling indah di dalam Alkitab, yang diulang dua kali di bagian akhir, "Tuhan akan menghapuskan air mata dari mata mereka." Pernahkah Anda mendengar seorang ayah atau ibu berkata, "Jangan menangis, ayo berhenti menangis, semuanya sudah selesai." Tuhan akan melakukan hal itu, menghapuskan air mata dan penderitaan kita. Tidak akan ada bayangan, karena tidak akan ada kegelapan atau malam. Yang ada hanya cahaya yang murni itu di mana-mana, selama 24 jam penuh. Di kota Yerusalem Baru tidak akan ada lampu jalanan, hanya ada terang dari cahaya yang murni itu. Tidak akan ada rumah ibadah, bait suci, gedung gereja. Haleluya! Bangunan-bangunan itu cukup merepotkan untuk diurus, 'kan? Biaya perbaikan gedung katedral biasanya ratusan juta atau miliaran, tetapi di Yerusalem Baru tidak akan ada bangunan seperti itu, karena Tuhan sendiri ada di sana. Tidak akan dibutuhkan bentuk-bentuk struktur apa pun yang dibangun untuk mengingatkan manusia akan surga.

Tidak akan ada dosa, kesombongan, keserakahan, hawa nafsu, dusta, atau kenajisan maupun kecemaran apa pun, sehingga tidak akan ada godaan pula. Dapatkah Anda membayangkannya? Semua itu akan menjadi milik Anda. Anda dapat menikmatinya sepenuhnya. Tidak akan ada yang dilarang. Pohon pengetahuan baik dan jahat tidak akan muncul lagi. Hanya akan ada pohon kehidupan. Tidak ada godaan. Betapa besar kelegaan yang kita rasakan ketika itu! Tidak akan ada kutuk, hanya ada berkat. Itulah sisi negatifnya, yang bagus sekali. Sekarang, mari lihat sisi positifnya.

Pertama, akan ada istirahat. Itu bukan berarti kita akan duduk santai di kursi berlengan tanpa melakukan apa-apa. Banyak orang berpikir surga itu penuh dengan kursi santai berlengan yang bertuliskan tanda "RIP" (*"rest in peace"*, beristirahat dalam damai). Yang dimaksud bukan istirahat semacam itu, karena yang demikian itu bukan istirahat yang dapat kita nikmati. Tidak melakukan apa-apa itu bukan kenikmatan. Istirahat adalah melakukan sesuatu yang kita nikmati, yang membuat kita bersemangat dan disegarkan kembali setelahnya. Itulah jenis istirahat yang akan ada di surga. Bekerja siang malam, melayani Tuhan siang malam, selama 24 jam setiap hari, tetapi tidak pernah merasa lelah. Saya belum mampu membayangkannya. Bagaimana dengan Anda?

Surga adalah tempat kita menerima upah. Sebagian orang berpikir upah adalah sesuatu yang melanggar moralitas, karena kita seharusnya tidak membutuhkan upah itu. Saya tidak setuju, karena Yesus pun berkata Dia menyediakan upah. Yesus berkata, "Upahmu besar di surga." Ucapan-Nya itu seharusnya menyadarkan kita. Saat saya berada di negeri Tirai Besi atau pergi ke negeri Tirai Bambu, saya sering berpikir, "Betapa jauh lebih besarnya upah yang menanti mereka ini daripada yang tersedia bagi kami di negara-negara Barat. Di Barat, kami asyik bermain-main. Kami seolah bermain gereja-gerejaan, tetapi mereka ini, betapa besarnya upah mereka kelak!" Akan ada perbedaan-perbedaan besar di surga. Surga bukan negara republik sosialis maha besar penganut prinsip kesetaraan mutlak yang menetapkan jatah yang sama bagi setiap warganya. Sebagian orang akan menerima upah yang besar, sedangkan yang lain akan menerima upah yang kecil saja.

Itu berkaitan dengan sisi positif ketiga: tanggung jawab. Akan ada pekerjaan; bukan pengkhotbah, penginjil, atau misionaris, melainkan pengurus-pengurus semesta milik Tuhan dan pelayan-pelayan seni dan musik. "Harta bangsa-bangsa akan mengalir ke sana," kata Firman Tuhan, dan harta itu amat sangat berlimpah. Jika saat ini Anda berkunjung ke Israel, Anda akan menemukan orang-orang dari hampir 85 negara yang telah kembali pulang ke satu negara, yang masing-masing membawa musik, tarian, dan seni budaya mereka. Betapa kayanya variasi budaya itu.

Surga sebagai Upah

Ada jenis musik yang baru yang lahir sebagai hasil perpaduan yang indah itu. Bayangkan bagaimana jadinya ketika semua budaya di seluruh dunia dan latar belakang suku, kaum, bahasa, berpadu di kota itu bersama segala pengalaman dan harta mereka masing-masing.

Surga adalah tempat pewahyuan pula. Kita akan tahu segala sesuatu yang kita ingin ketahui. Kita akhirnya akan bisa menyelesaikan urusan predestinasi dan kehendak bebas yang sebelumnya menjadi pertanyaan besar. Kita akan bisa mendatangi Paulus dan bertanya kepadanya tentang setiap bagian di dalam surat-surat tulisannya yang selama ini sulit kita pahami. Dapatkah Anda membayangkannya? Kita tidak perlu lagi mendatangi seseorang lalu bertanya, "Bolehkah saya minta waktu Anda dua menit saja?" Kita akan mengatakan pertanyaan yang berbeda, "Apakah Anda keberatan jika seribu tahun mendiskusikan hal-hal ini dengan saya?" Itulah tempat pewahyuan, tempat yang kita akan tahu dan mengenal, sama seperti kita diketahui dan dikenal. Kita akan mengenal Tuhan sebaik Dia mengenal kita saat ini (dan Tuhan sangat mengenal kita, bahkan sampai tahu jumlah helai rambut di kepala kita). Jika rambut Anda berwarna gelap, mungkin jumlahnya sekitar 120 ribu helai. Jika rambut Anda berwarna pucat, mungkin jumlahnya sekitar 105 ribu helai. Jika rambut Anda berwarna merah, mungkin jumlahnya sekitar 95 ribu helai. Yang jelas, Tuhan tahu pasti jumlahnya. Tentu saja, jika Anda sudah menua, Tuhan pun tahu jumlah helai rambut Anda berkurang, karena demikianlah Dia mengenal kita dengan sempurna. Firman Tuhan berkata kita akan tahu dan mengenal, bukan lagi samar-samar seperti memandang cermin yang kusam, melainkan langsung berhadapan muka. Segala pertanyaan kita akan terjawab. Bayangkan saja. Tentu kita punya banyak sekali pertanyaan yang perlu jawaban. Ada banyak misteri dari hal-hal yang tidak kita pahami, dan adalah bijak jika orang Kristen mengakui tidak tahu ketika ditanya tentang sesuatu yang mereka tidak yakin jawabannya. Lebih baik berkata, "Saya tidak tahu,

SURGA DAN NERAKA

tetapi saya kenal Tuhan dan saya yakin Tuhan tahu jawabannya, maka suatu saat nanti saya juga akan tahu," daripada berusaha menjelaskan semua misteri yang ada. Kita bukan Tuhan, tetapi suatu hari kelak kita akan tahu jawaban-jawaban itu.

Surga juga tempat kebenaran, kebaikan yang positif, kasih dan sukacita dan damai dan kesabaran dan keramahan dan kemurahan hati dan kesetiaan dan kelemahlembutan dan pengendalian diri, dan tentu bahagia sekali jika kita hidup di dunia yang semata-mata berisi kebaikan. Sekali lagi, suasananya nyaris tak terbayangkan. Surga adalah tempat kita akan bersuka. Semua gambaran tentang surga menunjukkan sukaria: pesta, perjamuan, perayaan. Salah satu hal paling menakjubkan yang pernah saya baca Yesus ucapkan adalah yang berikut ini. Yesus berkata, "Hamba-hamba-Ku yang setia akan kududukkan di meja perjamuan dan Aku akan melayani mereka." Dapatkah Anda membayangkan duduk di meja perjamuan lalu piring makanan disajikan di hadapan Anda, kemudian saat Anda mendongakkan kepala ternyata orang yang menyajikannya itu adalah Yesus sendiri? Saya sendiri mungkin akan merasa seperti yang Petrus rasakan, yang tidak mau hanya kakinya yang dibasuh... Kenyataannya, itulah yang Yesus katakan akan dilakukan-Nya. Saya bisa memastikannya, jika Anda yang sedang membaca buku ini bertobat atas dosa Anda hari ini, Anda akan duduk di perjamuan itu kelak. Ada perayaan besar ketika seorang berdosa bertobat. Bagaimana suasananya ketika orang-orang kudus berbaris masuk kelak?

Surga adalah tempat kita saling mengenal. Banyak orang bertanya, "Bagaimana cara kita mengenal si anu dan si itu nanti?" Jawabannya: kita akan langsung mengenali mereka. Bagaimana cara Petrus, Yakobus, dan Yohanes tahu Yesus sedang bercakap-cakap dengan Musa dan Elia? Bukankah kedua tokoh itu telah berabad-abad meninggal? Namun, mereka langsung tahu. Itulah pula yang akan menjadi pengalaman kita. "Wah, ada Nuh di sana. Saya selama ini bertanya-tanya bagaimana rupanya... Dan di sana ada Paulus, lalu di sebelah sana ada Petrus." Nah, mari

Surga sebagai Upah

kita lanjutkan pembahasan ini. Kita masih belum tiba di bagian terbaiknya.

Apa yang menjadikan sebuah bangunan rumah nyaman ditinggali? Karpet yang pas dan bagus, peralatan dapur? Bukan. Yang menjadikan sebuah bangunan rumah nyaman ditinggali adalah orang-orang yang ada di dalamnya. Rumah adalah tempat tinggal orang-orang yang kita kasihi. Pertanyaan sesungguhnya yang perlu kita tanyakan tentang surga adalah: siapa yang akan ada di sana? Saya akan menutup buku ini dengan empat jawaban. Pertama, orang-orang kudus akan ada di surga. Banyak orang kudus yang kita belum pernah kenal. Orang-orang kudus yang hebat. Kita akan bisa mengobrol dengan mereka, berkenalan lebih dalam dengan mereka. Ada jutaan orang kudus yang sebelumnya kita tidak kenal. Seluruh masa kekekalan akan tersedia untuk kita mengenal mereka kelak. Seru, bukan? Orang-orang kudus akan ada di surga. Banyak yang namanya belum kita kenal, dan banyak pula yang namanya telah kita kenal, tetapi banyak sekali dari mereka merupakan orang-orang biasa yang namanya tidak terkenal tetapi imannya sebagai orang kudus telah menang. Semua kerabat seiman kita akan ada di surga. Mungkin sebagian kerabat dan keluarga jasmani kita tidak ada di surga, tetapi semua kerabat seiman kita akan ada. Di surga, semua orang adalah keluarga besar.

Bukankah setelah bertobat menjadi orang percaya kita merasa lebih akrab dengan kerabat seiman daripada dengan kerabat jasmani? Tentu saja, kita bertanggung jawab untuk terus menjaga komunikasi dengan semua kerabat dan keluarga jasmani kita. Mungkin kitalah satu-satunya mata rantai yang mengaitkan mereka dengan Tuhan, tetapi jauh di dalam hati kita tidak memiliki kesamaan dengan mereka seperti yang kita miliki dengan sesama orang beriman. Saat kebetulan bertemu orang baru yang ternyata Kristen, sering kali kita dapat mengobrol lalu lima menit saja terasa seperti kita telah mengenal satu sama lain selama dua puluh tahun. Pernahkah Anda menyadarinya? Orang

SURGA DAN NERAKA

lain terkejut, "Berapa lama Anda telah mengenal pria itu?" "Oh, kami baru saja berkenalan tadi." "Lho, padahal Anda dan dia tampaknya mengobrol seperti sudah saling mengenal selama dua puluh tahun!" "Yah, benar juga begitu, karena selama dua puluh tahun kami memiliki banyak kesamaan. Kami sama-sama telah mengenal Tuhan selama dua puluh tahun." Sekali lagi, orang-orang kudus akan ada di surga.

Para malaikat juga akan ada di surga, dan kita akan mengenali sebagian dari mereka. Mereka tidak akan tampil dalam wujud bersayap sambil memainkan harpa dan memakai gaun malam putih panjang. Maksud saya, jika demikian itulah penampilan malaikat, tentu kita akan selalu mengenali mereka saat mereka muncul. Alkitab berkata, "Berikan tumpangan, karena dengan demikian sebagian orang telah melayani malaikat tanpa mereka sadari." Mereka itu tampaknya seperti manusia saja. Mungkin kita pernah memberi tumpangan untuk sebagian perjalanan bermobil bagi seseorang, tetapi ternyata itu adalah malaikat dan kita baru menyadarinya setelah tiba di tujuan.

Seorang wanita muda pernah bercerita kepada saya tentang pengalamannya berjalan pulang sendirian melintasi jalanan gelap di sebuah kota di Inggris. Tiba-tiba seorang pria muda muncul dari balik bayangan, menangkap dia, merobek pakaiannya, dan jelas sekali berusaha memperkosa dia. Wanita itu berseru kepada Tuhan Sang Panglima Balatentara, lalu seorang pria muda lain datang ke sudut gelap itu, mendorong pria yang berusaha memperkosa itu, menggandeng lengan si wanita, dan berkata, "Yuk, Helen, kuantar kamu pulang sampai tiba di rumah." Wanita itu pun pulang dan tiba di rumahnya, memutar anak kunci di lubangnya pada pintu rumah, berbalik untuk berterima kasih kepada pria muda penolong tadi, tetapi ternyata tidak ada siapa-siapa sama sekali di sana. Jalanan itu kosong sama sekali. Kelak, wanita itu akan mengenali sang malaikat saat bertemu lagi di surga yang mulia. Kita tidak perlu mengenali rupa malaikat. Kita hanya perlu percaya dengan iman bahwa Tuhan mengelilingi kita dengan pasukan malaikat.

Surga sebagai Upah

Kita akan mengenali malaikat-malaikat itu kelak, dan berkata, "Lho, saya pernah memberi tumpangan kepada Anda naik mobil. Saya kira Anda orang yang butuh bantuan di jalan..." Selalu ingat bahwa ada malaikat-malaikat di sekeliling kita. Nah, para malaikat akan ada di surga. Yesus juga akan ada di surga. Sang Anak Domba bertanduk sekaligus Sang Singa itu. Dia berkata, "Aku akan datang kembali lalu menjemput kamu untuk bersama-Ku, supaya di tempat Aku berada, di situ pula kamu berada." Itulah surga. Saya tidak tahu kelak saya akan menatap wajah-Nya dahulu atau memandangi kedua tangan-Nya dahulu. Mungkin keduanya, bergantian. Bagaimana kita dapat berterima kasih kepada-Nya? Mungkin Yesus sendiri akan berkata kepada kita, "Aku tidak melakukan semuanya untuk diri-Ku sendiri. Aku melakukannya karena Bapa. Kepada-Ku telah dikembalikan segala kerajaan di dunia ini, supaya Aku dapat memberikannya kembali kepada Bapa, agar Bapa menjadi segala sesuatu yang memenuhi segala sesuatu," dan itulah titik puncak yang terbaik dalam pembahasan kita ini.

Tuhan akan ada di surga. Kita akan melihat-Nya sebagai Raja. Kita akan melihat takhta-Nya, kita akan menyembah Dia, sekaligus memanggil-Nya *"Abba"*, "Bapa", "Ayah", "Papa". Berikut adalah beberapa hal paling indah yang saya temukan di dalam Alkitab. Saya tahu banyak orang Kristen belum pernah menemukan hal-hal ini. Alkitab bukan berbicara tentang kita pergi ke surga untuk hidup dengan Bapa selama-lamanya. Justru, Alkitab berbicara tentang hal sebaliknya. Alkitab berkata, "Bapa pindah ke bumi untuk hidup bersama kita selama-lamanya." Luar biasa indah, bukan? Perhatikan, kota Yerusalem Baru turun dari langit ke bumi, dan bukan hanya kota itu yang turun, melainkan Tuhan juga turun. Para malaikat pun terkagum-kagum. Mereka berkata, "Lihatlah! Lihatlah! Tempat kediaman Tuhan adalah bersama manusia!" Bukan tempat kediaman manusia yang dipindahkan untuk bersama Tuhan, tetapi justru tempat kediaman Tuhan kini turun untuk bersama manusia.

SURGA DAN NERAKA

Inilah kebenaran yang terindah itu. Tuhan akan pindah rumah pada titik akhir sejarah kelak. Tuhan akan pindah dan tinggal serumah dengan kita. Para malaikat sudah sering turun ke bumi, dan Anak pun pernah turun ke bumi, tetapi titik klimaks Alkitab adalah Tuhan sendiri pindah rumah. Tempat kediaman-Nya akan ada bersama kita di bumi yang baru kelak. Itulah yang akan menjadi pusat seluruh semesta baru. Menakjubkan, bukan? Tuhan akan turun dari surga, langit tingkat tertinggi, dan pindah ke sini. Kita tidak akan lagi berkata, "Bapa kami di surga," tetapi kita akan dapat berkata, "Bapa kami, yang ada di bumi bersama kami." Itulah titik puncaknya di dalam Alkitab menurut saya. Tuhan begitu mengasihi kita hingga Dia ingin tinggal bersama kita lalu benar-benar pindah rumah untuk itu. Dia ingin menjadi Tuhan bagi kita, supaya kita menjadi umat-Nya, dan tempat kediaman Tuhan pada bagian akhir Alkitab adalah bersama manusia: Imanuel, Tuhan bersama kita.

Demikianlah, cukuplah pembahasan kita tentang surga. Terlalu lama membahas surga akan membuat kita sangat tidak sabar dengan bumi dan dunia ini karena tak ada gunanya bagi kita berada di sini. Tuhan telah memberitahukan begitu banyak hal tentang surga agar kita percaya bahwa surga sungguh ada, dan sedang dipersiapkan bagi kita. Itu bukan sekadar surga, melainkan langit yang baru dan bumi yang baru. Di bumi baru itulah kota Yerusalem Baru, yang telah dibangun di luar angkasa sebelumnya, akan turun dan menjadi ibu kota Kerajaan Allah. Pada akhir Alkitab, Kerajaan Surga didirikan di bumi, seperti yang kita doakan setiap hari, "Datanglah Kerajaan-Mu, di bumi seperti di surga." Amin.